:PS
PRINCETON

JUNIOR GREAT BOOKS

Conversaciones

3

D1306490

PROPERTY OF CPS
5125 S. PRINCETON

01

◆ ◆ ◆

PROGRAMA DE ESTUDIOS INTERPRETATIVOS

DE DISCUSIÓN, ESCRITURA, Y LECTURA

JUNIOR GREAT BOOKS

Conversaciones 3

THE GREAT BOOKS FOUNDATION

A nonprofit educational organization

Copyright © 2002 by The Great Books Foundation

Chicago, Illinois

All rights reserved

ISBN 1-880323-14-1

First Printing

9   8   7   6   5   4   3   2   1   0

Printed in the United States of America

Published and distributed by

THE GREAT BOOKS FOUNDATION
A nonprofit educational organization

35 East Wacker Drive, Suite 2300

Chicago, IL 60601-2298

www.greatbooks.org

CONTENIDO

—M'ijo, tengo un trabajo importante para ti.

CARLOS Y LA MILPA DE MAÍZ

Jan Romero Stevens

Traducción de Patricia Hinton Davison

Carlos se inclinó para ver por el lado de la vitrina, y luego se paró de puntitas para ver desde arriba.

Sobre un pedazo de terciopelo azul oscuro estaba la cosa más maravillosa que jamás había visto, una navaja roja con dos hojas, un par de pinzas, unas tijeras, un abrelatas, y un palillo de plástico.

—¡Qué hermosura! —dijo, admirando la navaja desde todos lados.

1

...

Carlos sacó todo el cambio de sus bolsillos y lo contó lentamente. Esperaba tener suficiente dinero para comprar la navaja roja. Pero le faltaban unos dólares.

Desanimado, se fue de la tienda del señor López, se montó en su bicicleta, y se fue rápidamente calle abajo. Después de unas curvas el camino se convirtió en tierra y había más y más distancia entre las casas.

Carlos y su familia vivían en el valle fértil de Española en el norte de Nuevo México. Su casa, con sus gruesas paredes de adobe y su techo de lámina de dos aguas, estaba junto a una milpa grande que su papá plantaba en hileras de dulce maíz amarillo.

¡Cómo le encantaba el maíz a Carlos! Le encantaban las tortillas calientes de maíz, los tamales picosos que hacía su mamá durante la Navidad, y el elote, brilloso con la mantequilla que le ponía y rociado con sal. En las mañanas frías de otoño le fascinaban los panqués de maíz chorreados con miel.

2

Carlos se cambió de la ropa que usaba para ir a la escuela y se fue al campo a ayudarle a su papá.

Empezó a trabajar la tierra oscura con el azadón, rompiendo los terrones grandes de tierra para que estuviera lisa y uniforme. Después de más o menos una hora su papá lo llamó.

—M'ijo, tengo un trabajo importante para ti. Ahora que la tierra está lisa, quiero que plantes la semilla. Ven acá y te enseñaré lo que necesito que hagas.

El papá de Carlos levantó una cubeta grande llena de semillas de maíz, que parecían granos secos de maíz.

—Esta semilla se debe plantar de una manera muy especial —dijo su papá, al darle a Carlos la cubeta.

—Debes caminar por la primera hilera y dejar
caer tres semillas, ni una más, en cada agujero.
De otra manera el maíz no crecerá bien. Cuando
termines la primera hilera, empieza la segunda
y continúa así, hasta que la cubeta esté vacía.
Acuérdate que cosechas lo que siembras. ¿Me
entiendes?

—Sí, Papá, entiendo —dijo Carlos. Pero en realidad no entendía lo que Papá quería decir, y cuando miró en la cubeta, pensó que jamás en su vida había visto tanta semilla de maíz.

—Éste sí que es un trabajo importante y por eso cuando termines te daré cinco dólares —le dijo su papá.

Carlos casi no podía creer su buena fortuna. Con los cinco dólares tendría suficiente dinero para comprarse la navaja roja en la tienda del señor López.

Carlos estaba tan emocionado que casi no pudo dormir esa noche, y despuecito de desayunar corrió afuera a comenzar su labor.

—Uno, dos, tres —Carlos contó las tres semillas y las dejó caer en el primer agujero. Cuando había terminado con la primera hilerota, se dio la vuelta y miró hacia atrás, a donde había empezado. Parecía tan lejos, pero cuando miró en su cubeta de semillas de maíz, se veía igual de llena que cuando había empezado.

¡Dios mío! pensó. He plantado todas estas semillas pero no parece que he usado ni una todavía. Tengo que trabajar aún más duro.

Así que se movió a
la siguiente hilera y
empezó de nuevo.

—Uno, dos, tres
—se dijo, contando las
semillas, y por fin acabó la segunda
hilera. De nuevo miró en la cubeta. Todavía
parecía que no había diferencia en el número
de semillas que quedaban.

Carlos empezaba a sentirse cansado y tenía
calor. Pensaba que nunca iba a terminar
su trabajo.

En ese instante se le ocurrió una idea. Si en
vez de tres ponía cuatro o cinco en cada agujero,
terminaría mucho más pronto.

—Uno, dos, tres, cuatro, cinco —empezó a
contar. Cinco semillas en cada agujero esta vez.

Al final de la sexta hilera, miró en la cubeta
de nuevo. La cubeta todavía parecía estar
tan llena como antes. Tendría que hacer algo
diferente para terminar a tiempo. ¿Por qué
no echar seis semillas en cada agujero?

—Uno, dos, tres, cuatro, cinco, seis —dijo en
voz alta al echar seis granos en la tierra.

Pero ni eso lo dejó terminar su trabajo.

Así es que Carlos tomó un puño de semillas
para cada agujero en las siguientes hileras
y rápidamente vació la cubeta, dejando las
últimas dos hileras sin plantar. Emocionado se
fue corriendo a la casa donde su papá estaba
tomando agua.

—Papá, Papá. ¡Terminé! —dijo Carlos, y se fue de prisa a su cuarto por su dinero que estaba escondido en el cajón de su armario, debajo de sus camisetas. Cuando regresó a la cocina su papá le dio un billete de cinco dólares.

—Esto es para ti, m'ijo. Te lo mereces por haber trabajado tanto.

—Gracias, Papá —le dijo Carlos, y corrió afuera, agarró su bicicleta, se montó en ella, y se fue rumbo a la tienda del señor López.

—Llegas justo a tiempo —le dijo el señor López. Sabía exactamente lo que Carlos quería tan pronto como lo vio. El viejito cerró las pinzas, las tijeras, y las hojas de la navaja roja, y con cuidado la metió en una bolsita de fieltro negro. Carlos le pagó al señor López y se fue

rápidamente a su casa en su bicicleta. A cada ratito, se aseguraba de que la navaja todavía estuviera en su bolsillo.

Después de unas semanas, empezó a hacer calor. Carlos usaba su navaja seguido. Con la hoja de la navaja, talló un palo largo para pescar y cortó la cuerda de pescar con las tijeritas. A veces necesitaba las pinzas para quitarse una astilla del dedo. Una vez hasta usó el abrelatas y comió al aire libre con sus primos.

Carlos se había olvidado de la milpa de maíz.

Entonces, una noche cuando estaban cenando, su papá le dijo que el maíz había empezado a brotar. Carlos se sintió un poco incómodo.

Esa noche se salió por la ventana de su recámara. A la luz de la luna, Carlos podía ver que su papá tenía razón, las mazorcas de verdad estaban brotando. En las primeras hileras de la milpa, las mazorcas estaban creciendo uniformes y derechas. Pero en las hileras de en medio, las plantas habían salido amontonadas. En las últimas hileras, donde se le había acabado la semilla, ni una planta crecía.

Desesperadamente, Carlos empezó a sacar
algunos de los retoños. Los trasplantó a las hileras
vacías en la milpa. Después de trabajar casi una
hora, pudo ver que de nada le servía.

Cansado y desanimado se metió a su recámara
por la ventana. No se despertó hasta tarde
la siguiente mañana. Cuando su mamá vino a
decirle que su papá y ella iban a ir a visitar
a sus tíos, Carlos le dijo que no se sentía bien
y que se quería quedar en casa.

Tan pronto como sus papás
se fueron, Carlos se montó
en su bicicleta y se fue a
la tienda del señor López.
Jadeante, abrió la puerta y
le dijo al señor López que quería vender
su navaja.

—Pero Carlos —le respondió el señor López—,
tu navaja está usada. Yo no puedo venderla
otra vez.

—Por favor, señor López, necesito que me
regrese el dinero —le rogó.

El señor López se rascó la barbilla. Sintió que
había un problema. —Bueno, Carlos —dijo, y
abriendo la caja registradora le entregó el dinero.

Montándose de nuevo en su bicicleta, Carlos se fue al almacén donde compró un costal de maíz.

Esa noche, se salió por su ventana otra vez, esta vez para plantar las últimas dos hileras de la milpa. A la luz de la luna, hizo nuevos agujeros con un palo, entonces caminó por las hileras cuidadosamente contando exactamente tres semillas en cada agujero. Finalmente terminó su labor, se regresó a su cama, y se quedó profundamente dormido hasta la siguiente mañana.

Ese año, el papá de Carlos cosechó la milpa de maíz más tarde de lo que acostumbraba hacerlo. Se dio cuenta de algo extraño en las últimas dos hileras de maíz, pero no dijo nada.

Una mañana de otoño, Mamá hizo panqués de maíz para el desayuno.

—Panqués de maíz azul, mis favoritos —dijo Carlos, al untarle miel a un panqué—. ¿De dónde sacamos maíz azul?

—Pero Carlos, ¿no te acuerdas? —le preguntó su papá, conteniéndose la risa—. Tú mismo lo plantaste—. Y con eso, su papá se golpeó las rodillas y soltó una carcajada.

Dándose cuenta de que había comprado maíz azul en vez de maíz amarillo, a Carlos le dio vergüenza.

—Sí, Papá —Carlos le dijo un poco apenado. Entonces se empezó a sonreír. —Pero me acordé de lo que me habías dicho, cosechas lo que siembras.

—Así es, Carlos —le contestó su papá—. Por cierto, vi al señor López el otro día. Me dijo que te diera esto.

Y sin decir otra palabra, su papá extendió la mano por encima de la mesa y le dio la navaja roja a Carlos.

OOKA Y
EL LADRÓN HONRADO

*Cuento folklórico japonés
en versión de I. G. Edmonds*

Traducción de Osvaldo Blanco

Yahichi, el dueño de
una tienda de arroz, se
presentó un día en el tribunal
de Ooka, quejándose de que todas las
noches se le desaparecía un poco de arroz.

—Es una cantidad tan pequeña que casi no
me animo a molestar a su ilustre señoría —dijo
Yahichi, tocando el suelo con la frente para
demostrar el debido respeto al gran magistrado—.
Pero recuerdo la historia de la montaña que
fue reducida a una llanura porque durante siglos
le era robado un grano cada día.

Ooka asintió gravemente con la cabeza.

—Tan deshonesto es robar un solo grano como un saco grande lleno de arroz —observó—. ¿Tomaste precauciones adecuadas para proteger tu propiedad?

—Sí, su señoría. Puse un centinela a vigilar el arroz todas las noches, pero sigue desapareciendo. No alcanzo a comprenderlo —dijo el vendedor de arroz, mesándose nerviosamente la blanca barba.

—¿Qué piensas de tu centinela? ¿Merece confianza? —preguntó Ooka.

—Absolutamente, señor juez Ooka —respondió Yahichi—. Mi guardia es Chogoro, que ha servido a mi familia durante setenta y cinco años.

—Sí, conozco a Chogoro —dijo Ooka—. Es un hombre de conciencia. Él no podría ser el ladrón. Pero es posible que se quede dormido en su puesto. Después de todo, tiene ochenta años.

—Uno puede estar tan alerta a los ochenta años como a los veinte —replicó prontamente Yahichi—. Yo mismo tengo ochentiún años y nunca he estado tan alerta. Además, las dos últimas noches yo también monté guardia con Chogoro, y el arroz igualmente desapareció.

—En ese caso, yo montaré guardia con ustedes esta noche —dijo Ooka—. Me gustaría ver este asunto por mí mismo.

Como había prometido, Ooka se dirigió esa noche a la tienda de arroz de Yahichi. Estaba seguro de que cada vez que era robado el arroz, Yahichi y Chogoro se habían quedado dormidos, permitiendo así que entrara el ladrón. Y no pasó mucho tiempo antes de que se confirmaran sus sospechas. En menos de una hora, los dos hombres dormían profundamente. Ooka sonrió. Tenía la certeza de que, cuando despertaran, ninguno de ellos admitiría en absoluto haberse dormido.

Poco después de medianoche, Ooka oyó un ligero ruido fuera de la tienda. Se puso de pie de un salto y miró cautelosamente por la ventana. Con gran sorpresa, Ooka se halló contemplando directamente la cara de un hombre parado en las sombras allí afuera. El juez reconoció a Gonta, un jornalero que llevaba algún tiempo sin trabajo. El hombre estaba clavado en el sitio por el miedo.

Ooka dudó si debía arrestarlo. Después de todo, Gonta no había entrado en la tienda de

arroz. Ooka no tendría prueba alguna de que
había venido a robar. El hombre sencillamente
podía decir que se había perdido en la oscuridad
de la noche.

Aunque Ooka había reconocido al ladrón,
Gonta no había reconocido al juez porque la
oscuridad dentro de la tienda le ocultaba el rostro.

Ooka decidió que lo mejor sería fingir que él
también era un ladrón; de esa manera podría
pillar a Gonta cometiendo su delito. Hablando
en tono áspero para disfrazar la voz, dijo:

—Por lo visto tú has venido aquí, lo mismo
que yo, a robar arroz.

Gonta se sintió aliviado de encontrarse cara a cara con otro ladrón en lugar de un centinela.

—Como favor de un ladrón a otro —siguió diciendo Ooka—, yo te pasaré el arroz, así no necesitarás arriesgarte entrando aquí.

Gonta le agradeció efusivamente su cortesía; entonces Ooka recogió un gran saco de arroz y se lo alcanzó por la ventana.

—Esto es demasiado —protestó Gonta—. Yo sólo quiero unos pocos puñados.

Ooka se quedó pasmado.

—Pero si vas a robar, lo mismo da que te lleves una buena cantidad. Al fin y al cabo, si Ooka te descubre, serás castigado tanto por robar un solo grano como un saco entero.

—¡Eso sería deshonesto! —replicó Gonta, indignado—. Yo no tomo más que lo suficiente para alimentar a mi familia por un día, pues cada día espero encontrar trabajo y no tener que robar otra vez. Si encuentro trabajo, pienso devolver todo lo que he tomado.

Entonces sacó la cantidad de arroz que necesitaba para la comida diaria de su familia y devolvió el saco al asombrado juez. Agradeciendo a Ooka una vez más su gentileza, Gonta dio media vuelta y desapareció en la oscuridad. Ooka no trató de detenerlo.

Cuando el tendero y su guardia se despertaron, Ooka les contó lo que había pasado.

—Pero, ¿por qué dejó ir al ladrón? —preguntó con indignación Yahichi.

—Gonta es ciertamente un ladrón —replicó Ooka—. Pero estoy convencido de que es un ladrón honrado, porque se negó a robar más de lo que necesitaba.

—Pero, señor juez Ooka, ¿cómo puede alguien ser ladrón y honrado a la vez?

—Yo nunca lo hubiera creído posible, pero es así —dijo Ooka—. El deber de un juez es castigar la maldad y premiar la virtud. En este caso, encontramos ambas cualidades en el mismo hombre, de modo que obviamente sería injusto tratarlo como a un ladrón común.

—Pero, señor juez Ooka...

—Ya he tomado mi decisión. Mañana veré de que se encuentre un trabajo para Gonta que le permita alimentar a su familia y le deje aún bastante para permitirle pagar el arroz que robó. Vamos a ver si cumple su promesa. Si vuelve aquí cada noche para devolver la cantidad robada, se confirmará mi creencia de que es un ladrón honrado.

El plan se llevó a cabo de acuerdo con los deseos de Ooka. Gonta recibió un trabajo, sin saber que fue gracias a Ooka. Y tal como el juez esperaba, Gonta tomó cada noche el arroz sobrante de sus ganancias del día y lo dejó en la tienda de arroz.

Ooka puso toda clase de obstáculos en su camino para dificultarle la entrada a la tienda, pero eso no le impidió a Gonta regresar cada noche, aunque su temor de ser sorprendido era cada vez más grande.

Yahichi admitió que el ladrón había sido ya castigado suficientemente por su delito y dijo a Ooka que no deseaba presentar la acusación. El gran juez sonrió, escribió algo en un pequeño rollo de papiro, y ordenó a Yahichi que lo dejara donde Gonta pudiera verlo cuando viniera a pagar la última porción de arroz.

Cuando el honrado ladrón entró temerosamente en la tienda de arroz por última vez, se llevó una gran sorpresa al ver el rollo de papiro escrito y firmado por Ooka, con el siguiente mensaje:

Debes un diez por ciento extra en concepto de interés.
La honradez es la mejor norma de conducta.

Rogelia era una niña que no servía para nada.

LA TEJEDORA DE SUEÑOS

Concha Castroviejo

Rogelia era una niña que no servía para nada. Esto decían sus hermanas y la maestra de la escuela.

En la escuela le preguntaban la lección y estaba tan distraída que no sabía lo que le preguntaban; en su casa le decían que planchase los pañuelos, para ir aprendiendo, y los quemaba; que sirviese el café en las tazas, y lo derramaba sobre el mantel; que regase las plantas, y el agua caía al suelo.

—Esta niña es muy torpe —decía su hermana Camila, que era muy dispuesta y presumía mucho.

—Esta niña es tonta —añadía su hermana Pepa.

—Esta niña no se sabe si aprende o no aprende —suspiraba la maestra.

Lo peor era que Rogelia no aprendía nunca a hacer encaje de bolillos. Su abuelita, sus hermanas, y sus tías, todas las mujeres en su casa, manejaban los palillos con gran destreza y hacían preciosos encajes con estrellas, pájaros, y flores, trenzando con los hilos todas las fantasías. Aquello le gustaba mucho a Rogelia. Se colocaba al lado de la abuelita, con la almohadilla llena de alfileres, hilos y palillos sobre las rodillas, y se ponía a soñar dibujos maravillosos. Pero tanto soñaba sus dibujos y con tanto entusiasmo los componía en su cabeza, que los palillos chocaban enredando los hilos, los alfileres se caían soltando los nudos, y la labor terminaba hecha una lástima.

Rogelia lloraba y se avergonzaba, mientras
sus hermanas mayores comenzaban con
sus reprimendas.

—Vete preparando el papel de seda para
envolver nuestros encajes —le decía Camila—.
No sirves para otra cosa.

Y así le sucedía a Rogelia todos los días.

Una tarde estaba asomada a la ventana y vio
pasar por delante de la casa a una mujer muy
vieja que iba mirando hacia el cielo. Rogelia,
que era una niña muy bien educada, corrió a la

puerta y salió a la calle, porque le pareció que la mujer vieja iba a tropezar y a caerse. Pero la mujer vieja se rió y le dijo:

—No te preocupes. Miro a las nubes. Así después me salen unas labores tan bonitas.

—¿Qué labores hace? —le preguntó Rogelia.

La mujer contestó:

—Soy tejedora de sueños.

A Rogelia le entusiasmaron aquellas palabras.

—¡Qué hermoso oficio! —exclamó, y volvió a preguntar.

—¿Cómo se llama usted, señora?

—Me llamo Gosvinda.

Rogelia hubiese querido irse tras la vieja Gosvinda, pero no se atrevió. Se quedó en la puerta, mirándola, y la vio que seguía por la calle larga hasta salir del pueblo y entrar en el bosque.

Desde aquel día Rogelia pensaba sólo en la tejedora de sueños. Cada vez estaba más distraída en la escuela; cada vez quemaba más la ropa con la plancha, derramaba más el agua al regar las macetas, y enredaba más los alfileres, los hilos, y los palillos cuando se sentaba para hacer el encaje de bolillos al lado de la abuelita.

—A esta niña —dijo un día su hermana
Pepa— habrá que mandarla interna a un colegio,
a ver si logran enseñarle algo.

—Un sitio —añadió su hermana Camila— en
donde la tengan encerrada y la castiguen.

—En donde no le permitan estar mirando a las
nubes —volvió a decir Pepa.

—No sirve para nada —opinó su tía.

Entonces Rogelia les dijo a sus hermanas:

—Ya que tengo que aprender algo, voy a
aprender a tejer sueños.

Y sus hermanas se rieron de ella.

Pero Rogelia recogió en
una caja de cartón dos mudas,
una chaqueta, y sus botas
de lluvia, se colocó un
gorrito que tenía para los
días de fiesta, fue a darle
un beso a la abuelita,
y se marchó.

...

Rogelia salió del pueblo y llegó al bosque. El bosque estaba oscuro de tanto como se apretaban las copas de los árboles. Rogelia anduvo mucho tiempo hasta que encontró un prado despejado, y en el prado una casa con los muros pintados de rosa y las ventanas de verde, y toda rodeada de flores amarillas.

La casa tenía
siete chimeneas
por las que
se escapaba un
humo precioso,
que no se parecía
a ningún humo y
era de color distinto
en cada chimenea.
Rogelia empujó la
puerta, que estaba
abierta, y entró en la
casa. Desde la cocina se
subía a un dormitorio, desde
el dormitorio se subía hasta
el desván, y desde el desván se
veían las nubes y las montañas
lejanas. Allí, en el desván, trabajaba la
vieja Gosvinda todo el día, teje que teje
sueños. El humo de los sueños era el que se
escapaba por las chimeneas.

Rogelia, al llegar al desván, dijo:

—Buenos días, señora Gosvinda.

A la tejedora no le extrañó ver a la niña.

—Sabía que vendrías —le contestó.

Rogelia miró a todas partes. Vio las ruecas y
los telares con hilos de cristal, de oro, y de
plata, con hilos del color de las esmeraldas y
los zafiros. En un rincón estaban doce ratones
atusándose los bigotes.

—Vengo a quedarme, si usted me deja —le
dijo a Gosvinda—. Quiero aprender a tejer
sueños. En mi casa dicen que no sirvo para nada,
pero a lo mejor sirvo para un oficio tan bonito.

Gosvinda le contestó que podía quedarse,
y le explicó que le hacía falta una niña que la
ayudase porque tenía muchos encargos. La gente
necesitaba cada vez más sueños.

Rogelia se quedó en la casa del bosque. Por
la mañana, muy temprano, subía al desván y

aprendía a preparar los hilos en los telares y los copos en la rueca. Los hilos se deslizaban hasta formar la trama que les daba la vieja tejedora, y la rueda giraba cada vez más de prisa levantando un aire que hacía estornudar a los ratones. Durante el día los cucos, y al anochecer los vencejos, entraban y salían por la ventana trayendo en el pico los encargos que hacían los príncipes desde los palacios reales y los mineros desde sus cuevas profundas. Todos los hombres y las mujeres que conocían a la tejedora le encargaban sueños.

—Antes éramos siete tejedoras —le dijo Gosvinda a Rogelia—. Pero mis compañeras se retiraron a descansar y yo me quedé sola. Eran más viejas que yo. Cuando yo me canse y me marche no quedará nadie.

—¿Y qué harán en el mundo? —preguntó Rogelia.

—Fabricarán unas píldoras para tener sueños sintéticos. Y los niños tejerán ellos mismos sus sueños.

Rogelia, poco a poco, aprendió a hacer hermosas tramas del color y de la forma de las nubes. Aprendió a retener el arco iris con canciones y a meterlo en los sueños color de naranja. Aprendió a tejer sueños azules y rosados para los jóvenes, y verdes para consolar con esperanzas a los enfermos y a los tristes. Y sueños blancos para que los niños les bordasen colores encima.

—Eres una niña muy dispuesta —le dijo la vieja Gosvinda.

Y Rogelia se ponía muy contenta.

—¡Ay! —contestaba— ¡Si me viesen en mi casa!

—Te seguirían encontrando inútil. Si dices que tejes sueños la gente se reirá de ti.

Los sueños, cuando estaban tejidos, salían en encaje de humo, por las chimeneas, y el viento los llevaba hasta las casas lejanas.

Rogelia aprendió también a barrer y a poner las ollas al fuego. Todas las semanas un oso le traía a la vieja Gosvinda la leña, los conejos se encargaban de traer la verdura, y los mirlos llegaban con la fruta.

—¡Qué casa tan hermosa! —suspiraba Rogelia.

Rogelia aprendió tan bien el oficio que los sueños ya no tenían secretos para ella. De tanto manejarlos ya no se aposentaban en su cabeza. Permanecía atenta a los hilos sutiles y frágiles, a las tramas delicadas que formaban las ramas de los árboles y el dibujo de las nubes, y a los colores del arco iris que se colocaba sobre el tejado puntiagudo de la casita. Ya no se confundía nunca Rogelia porque ya no tenía los sueños en la cabeza, sino en las manos.

Cuando quiera un sueño para mí, pensaba, tejeré el más bello que haya existido nunca.

Un día la vieja Gosvinda le dijo:

—Para que sepas si éste es de verdad tu destino debes hacer una prueba: volver a tu casa y trabajar allí.

Rogelia comprendió que tenía que obedecer.
Recogió su caja de cartón y se puso un traje que
había ido tejiendo con los residuos de los copos
y que lucía con los colores de las flores.

Rogelia llegó a su casa, saludó a todos, y dijo
que había estado aprendiendo a ser dispuesta.
Al principio sus hermanas se rieron de ella,
pero Rogelia traía la gracia en sus manos. Si se
sentaba a hacer bolillos los palillos se cruzaban
como castañuelas y los hilos se transformaban
en encaje, con pájaros, flores, y nubes en el
dibujo blanco que parecía un campo de nieve.
Si regaba las plantas no derramaba ni una gota

de agua. Si planchaba, la ropa quedaba nueva
y brillante.

Todo el mundo alababa a Rogelia. Los metros
de encaje que hacía los solicitaban en todo el
pueblo. Para la gran fiesta le encargaban a ella
el adorno de los balcones.

Pero Rogelia ya no podía vivir sin sueños.
Cada día subía a lo más alto de la casa para ver
si desde allí distinguía el humo que salía por las
chimeneas de la casa de la tejedora Gosvinda.

Rogelia volvió a preparar su caja de cartón, se
despidió de todos, y una mañana, de madrugada,
tomó el camino del bosque.

—¡Buenos dias! —dijo al entrar en el desván.

La tejedora estaba sentada en su rincón y los ratones sostenían los copos que iba metiendo en las ruecas.

—Ya sabía que vendrías —le contestó a Rogelia—. Ahora te quedarás aquí para siempre.

Rogelia se quedó con la vieja Gosvinda. Recibió a los cucos y a los vencejos, le daba su comida a los ratones, ayudaba al oso a descargar la leña, y preparaba en sus cestillos las verduras y las frutas que traían los conejos y los mirlos. Pero, sobre todo, tejía y tejía. Tejía los sueños más complicados y difíciles, los que fatigaban a la vieja Gosvinda. Atendía a todo porque tantos sueños tenía en la mano que no quedaba ninguno en su cabeza. Tanto amaba a sus sueños y tan orgullosa estaba de su labor que nunca se atrevía a retenerlos.

Cada año iba al pueblo a visitar a su abuela, a sus hermanas, y a su tía. Las saludaba y volvía a marcharse.

Un día llamó a la puerta de la casa de Gosvinda un señor muy serio que traía una gran cartera llena de libretas forradas de hule negro. Rogelia bajó desde el desván a ver lo que quería, y el señor le dijo que venía a enterarse de quién vivía allí y cuál era su oficio para apuntarlo en las libretas de la contribución.

—Aquí vivimos la vieja Gosvinda y yo —le explicó Rogelia—, y somos tejedoras de sueños.

El señor revisó sus libretas y dijo que aquel oficio no figuraba en ninguna lista. Después carraspeó y se marchó.

Escuchó una voz que gritaba en las sombras.

EL MONSTRUO QUE SE VOLVIÓ PEQUEÑO

Joan Grant

Traducción de Osvaldo Blanco

Muy lejos, hacia el sur, más allá de la tercera catarata, había una aldea donde vivía un niño con su tío. El tío era conocido como el Bravo, porque era cazador y mataba muchos animales grandes, y trataba de manera horrible a su sobrino porque lo consideraba un cobarde. Se complacía en asustarlo contándole historias de los monstruos espantosos que poblaban el bosque, y el muchacho le creía todo. ¿Acaso a su tío no lo llamaban el Bravo, el Poderoso Cazador?

Siempre que el muchacho debía ir al río pensaba que iban a comérselo los cocodrilos, y cuando penetraba en el bosque creía que las sombras ocultaban serpientes y que había arañas peludas esperando bajo las hojas para saltar sobre él. El lugar que le parecía siempre más peligroso estaba en el sendero que llevaba a la aldea, y cada vez que tenía que ir por él lo hacía corriendo.

Un día, al llegar a la parte más aterradora del sendero, escuchó una voz que gritaba en las sombras de los árboles más oscuros. Se tapó los oídos con los dedos y corrió todavía más rápido, pero no dejaba de oír aquella voz. Su miedo era muy grande, pero aun así podía oír a su corazón, que le decía:

—Tal vez el dueño de esa voz esté mucho más asustado que tú. Ya sabes lo que es sentirse asustado. ¿No crees que deberías ayudar?

Entonces se quitó los dedos de los oídos, cerró los puños para darse valor, y se metió en las sombras más densas, abriéndose paso entre los espinos en dirección a los gritos.

Encontró una
liebre con una pata
enredada en un matorral de plantas
trepadoras, y la liebre le dijo:

—Estaba terriblemente asustada, pero ahora
que has venido tú ya no tengo más miedo.
Debes ser muy valiente para meterte solo en
el bosque.

El muchacho liberó a la liebre y la tranquilizó
entre sus manos, diciendo:

—No tengo nada de valiente. En mi aldea me
llaman Miobi, el Asustado. Nunca me habría
atrevido a venir aquí, pero oí tus gritos.

—¿Por qué te asustas? ¿De qué tienes miedo?

—Me dan miedo los cocodrilos que viven
en el río, y las serpientes y las arañas que me
acechan siempre que salgo. Pero lo que más

miedo me da son las cosas que susurran en el
techo de palmas por encima de mi cama... Mi tío
dice que sólo son ratas y lagartijas, pero yo sé
que son cosas mucho peores.

—Lo que tú necesitas —dijo la liebre—, es una
casa con paredes de tres codos de espesor, en
la que puedas encerrarte, a cubierto de todas las
cosas que temes.

—No creo que me sirviera de nada —dijo
Miobi—. Porque si no hubiera ventanas, tendría
miedo de no poder respirar, y si las *hubiera,*
pasaría todo el tiempo vigilándolas, en espera de
cosas que podrían entrar para devorarme.

La liebre parecía haber dejado de tener miedo,
y Miobi le dijo:

•••

—Ahora que sabes que no soy nada valiente, supongo que no te pareceré muy buena protección. Pero si crees que yo sería mejor que nada, te llevaré a tu casa si me dices donde vives.

Para asombro de Miobi, la liebre respondió:

—Yo vivo en la luna, por tanto no puedes venir a mi casa conmigo, todavía. Pero me gustaría darte algo para demostrar cuán agradecida estoy por tu bondad. ¿Qué es lo que más te gustaría tener de todo el mundo?

—Me gustaría tener valor... pero supongo que eso es algo que no se puede dar.

—Yo no puedo *dártelo,* pero puedo decirte dónde hallarlo. El camino que lleva al valor tendrás que seguirlo solo. Pero cuando sientas los temores más grandes, mira a la luna y yo te diré cómo superarlos.

Entonces la liebre le indicó a Miobi el camino que debía seguir, y a la mañana siguiente, antes de que su tío se despertara, el muchacho emprendió el viaje. Su única arma era una daga que la liebre le había dado. Era larga y filosa, pálida como la luz de la luna.

Pronto el camino llegó a un río ancho. Entonces Miobi sintió gran temor, porque en el río flotaban muchos cocodrilos, que lo observaban con sus pequeños ojos diabólicos. Pero recordó lo que le había dicho la liebre y, después de mirar a la luna, les gritó a los cocodrilos:

—¡Si quieren que los mate, vengan y atáquenme!

Seguidamente, con la daga bien agarrada en la mano, se zambulló en el río y comenzó a nadar hacia la otra orilla.

Para gran sorpresa de ellos mismos, los cocodrilos le tomaron miedo a él. Tratando de mantener su dignidad, se decían unos a otros:

—¡Es demasiado flaco para que valga la pena comérselo!

44

Y cerraron los ojos, fingiendo no haberlo visto. Entonces Miobi cruzó con tranquilidad el río y continuó su camino.

Pocos días después vio dos serpientes tan grandes que cualquiera de ellas sería capaz de tragarse un buey sin el menor problema. Hablando las dos al mismo tiempo, le dijeron a voz en grito:

—Si te acercas un paso más, te comeremos inmediatamente.

Miobi tuvo mucho miedo, porque las serpientes eran una de las cosas que más temía. Estaba a punto de echar a correr cuando miró a la luna, y enseguida supo lo que la liebre deseaba que hiciera.

—Oh, grandes e inteligentes serpientes —dijo con cortesía—, un niño tan pequeño como yo podría servir de buena comida a solamente *una* de ustedes. La mitad de mí no valdría el trabajo de la digestión. ¿No sería mejor que decidieran entre ustedes por quién tendré yo el honor de ser comido?

—Muy sensato —dijo la primera serpiente—. Te comeré yo.

—No, no lo harás —dijo la segunda—, el niño es mío.

—Tonterías, tú ya te comiste a ese comerciante rico. El hombre estaba tan ocupado contando su oro que ni se dio cuenta de ti hasta que te lo tragabas por las piernas.

—Bueno, pero ¿qué tal la mujer que estaba admirando su cara en un espejo? Dijiste que fue lo más tierno que habías comido en varios meses.

—El comerciante fue *después* de eso —dijo la primera serpiente con firmeza.

—No, él no fue.

—Él fue.

—¡No, no fue!

—¡Sí fue!

···

Mientras las serpientes discutían entre ellas acerca de a quién le correspondía comerse a Miobi, el muchacho se escabulló sin que lo vieran y rápidamente desapareció de allí. Por lo tanto, esa mañana ninguna de las serpientes tuvo siquiera un ligero desayuno.

Miobi se sentía tan alegre que empezó a silbar. Por primera vez, se encontró disfrutando de las formas de los árboles y los colores de las flores, en vez de preguntarse qué peligros estarían ocultando.

Pronto apareció más adelante una aldea y, aun a la distancia, llegó a oír un rumor de lamentos. Mientras avanzaba por la única calle, nadie notó su presencia porque la gente no hacía más que llorar y gemir. Los fogones para cocinar estaban apagados, y las cabras balaban porque nadie se había acordado de ordeñarlas. Los bebés estaban llorando porque tenían hambre, y una niñita gritaba porque se había caído y lastimado una rodilla y su madre ni siquiera demostraba interés. Miobi se dirigió a la casa del jefe, a quien halló sentado con las piernas cruzadas, la cabeza cubierta de cenizas, los ojos cerrados, y los dedos en los oídos.

Miobi tuvo que gritar muy fuerte para que lo oyera. Entonces el anciano abrió un ojo y un oído, y gruñó:

—¿Qué deseas?

—Nada —dijo Miobi cortésmente—. ¿Quería preguntarle qué deseaba *usted*? ¿Por qué hay tanta desdicha en su aldea?

—Tú también te sentirías desdichado —dijo el jefe— si fueras a ser comido por un monstruo.

—¿Quién va a ser comido? ¿Usted?

—Yo y todos los demás, hasta las cabras. ¿No oyes cómo balan?

Miobi era demasiado bien educado para sugerir que las cabras estaban balando porque nadie las había ordeñado. De modo que le preguntó al jefe:

—Parece haber mucha gente en su aldea. ¿No podrían ustedes matar al monstruo si todos ayudaran?

—¡Imposible! —replicó el jefe—. Demasiado grande, demasiado feroz, demasiado terrible. *Todos* nosotros estamos de acuerdo en eso.

—¿Qué aspecto tiene el monstruo? —preguntó Miobi.

—Dicen que tiene cabeza de cocodrilo y cuerpo de hipopótamo, y una cola como de una serpiente grande, pero seguramente ha de ser aún peor. ¡No hablemos de eso!

Se cubrió la cara con las manos y comenzó a balancearse hacia atrás y adelante, gimiendo para sí mismo.

—Si me dices donde vive el monstruo, trataré de matarlo por ustedes —dijo Miobi, para su gran sorpresa.

—Tal vez tú seas sabio —dijo el jefe—, porque serías el primero en ser comido y no tendrías que preocuparte por mucho tiempo. El monstruo vive en una cueva que hay en la cima de aquella montaña. Ese humo que puedes ver es del aliento ardiente del monstruo, así que te cocerá antes de comerte.

Miobi miró a la luna y supo lo que la liebre quería que dijera, de modo que dijo:

—Subiré la montaña y desafiaré al monstruo.

Escalar la montaña le llevó un tiempo largo, pero cuando estuvo a mitad de camino de la

cima, pudo ver muy claramente al monstruo.
Por los orificios de la nariz le salía rugiendo su
aliento abrasador mientras tomaba el sol a la
entrada de la cueva, y parecía tener como tres
veces el tamaño de la barca real, la cual es muy
grande, aun para un monstruo.

—No voy a mirarlo otra vez —se dijo Miobi—
hasta que haya subido toda la distancia que
me separa de la cueva. De lo contrario, podría
sentirme demasiado tentado de huir y no tendría
ánimo para seguir subiendo.

Cuando volvió a mirar al monstruo, esperaba
que fuera mucho más grande de lo que parecía
desde más lejos. Pero en cambio aparentaba
ser definitivamente bastante más pequeño,
sólo un poco más grande que una barca real
en lugar de tres. El monstruo lo vio. Resopló
furiosamente, y el bufido abrasador bajó por
la ladera de la montaña y chamuscó a Miobi.
El muchacho descendió corriendo bastante
lejos antes de que pudiera forzarse a parar.
Ahora el monstruo parecía haberse agrandado
nuevamente. Era *por lo menos* tres veces tan
grande como la barca real… quizá cuatro.

—Esto es muy raro, en verdad —dijo Miobi
para sí—. Cuanto más me alejo del monstruo,

más grande parece, y cuanto más me acerco a él, más pequeño se le ve. Tal vez, si yo estuviera *muy* cerca, el monstruo tendría un tamaño razonable para poder matarlo con mi daga.

Para que no lo cegara el aliento abrasador, cerró los ojos. Y a fin de no dejar caer su daga, la agarró fuertemente. Y de modo que no tuviera tiempo de empezar a sentir miedo, corrió lo más rápido que pudo montaña arriba hasta la cueva.

Cuando abrió los ojos no pudo ver nada que necesitara matar. La cueva parecía estar vacía, y comenzó a pensar que debía haberse equivocado de camino. Entonces sintió que algo caliente le tocaba el pie derecho. Miró hacia abajo, y allí estaba el monstruo… ¡y era pequeño como una rana! Lo recogió y le rascó el lomo. No lo sentía más que agradablemente caliente en su mano, y dejaba escapar un ligero sonido amistoso, entre un ronroneo y el hervor de una olla al fuego.

Miobi pensó: ¡Pobre monstruito! ¡Debe sentirse tan solo en esta cueva enorme! Y entonces se le ocurrió: Podría servirme como animalito de compañía, y su aliento abrasador me resultaría útil para encender el fuego para cocinar.

Así que se lo llevó cuidadosamente montaña abajo, y el monstruito se acurrucó en su mano y se durmió.

Cuando los aldeanos vieron a Miobi, primero pensaron que debían estar soñando, porque estaban seguros de que el monstruo lo mataría. Luego lo aclamaron como a un héroe, diciendo:

—¡Viva el poderoso cazador! ¡El más valiente de todos! ¡El que ha matado al monstruo!

Miobi se sintió muy incómodo, y tan pronto como pudo hacerse oír por encima de las ovaciones, dijo:

—Pero yo no lo maté. Lo traje a casa como mascota.

Todos pensaron que hablaba con la modestia propia de un héroe, y antes de que le creyeran tuvo que explicar cómo el monstruo sólo había parecido grande mientras estuviera escapando de él, pero que cuanto más se le acercara, más pequeño se volvía; hasta que al fin, cuando estuvo de pie junto a él, pudo tomarlo en su mano.

La gente se aglomeró a su alrededor para ver al monstruo. Éste se despertó, bostezó con una pequeña bocanada de humo, y comenzó a ronronear. Una niña le preguntó a Miobi:

—¿Cómo se llama?

—No sé —dijo Miobi—, no le he preguntado.

El monstruo mismo fue quien contestó la pregunta de la niña. Dejó de ronronear, miró en torno suyo para asegurarse de que todos estaban escuchando, y dijo:

—Yo tengo muchos nombres. Algunos me llaman Hambruna, y otros, Plaga, aunque los seres humanos más dignos de compasión me dan sus propios nombres. Pero la mayoría de la gente me llama: Lo que Podría Pasar.

—Es hora que empieces la escuela —Mamá me dice.

EL NIÑO DE CABEZA

Juan Felipe Herrera

Mamá, a quien le encantan las palabras,
   canturrea el nombre
del letrero de la calle: *Juniper.* —¡Juu-ni-purr!
   ¡Juu-ni-purr!

Papi estaciona nuestra vieja troca del *army* en la
   calle *Juniper*
en frente de la casita color de rosa de doña
   Andasola.
—Al fin la encontramos —grita Papi—, ¡Juu-ni-purr!

—Es hora que empieces la escuela —Mamá me
   dice con su voz musical.
—¡Mi calle Juu-ni-purr! —yo les grito a las gallinas
   en el patio.

—No te apures, chico

—me dice Papi mientras me encamina a la
  escuela—.

Todo cambia. En un lugar nuevo los árboles
  tienen nuevas hojas

y el viento se siente fresco en el cuerpo.

Me pellizco la oreja, ¿de veras estoy aquí?

Quizás el poste del alumbrado realmente es una
  espiga

dorada de maíz con un saco gris polvoriento.

La gente va veloz y sola en sus flamantes coches
  que se derriten.

En los valles, los campesinos cantaban —Buenos
  días, Juanito.

Hago una mueca de payaso, medio chistosa,

medio asustada. —No sé hablar inglés —le digo
  a Papi—.

¿Se me hará la lengua una piedra?

···

Camino lento a la escuela.
Mi burrito de papas en una bolsa de papel café.
El patio del recreo está vacío,
las cercas cerradas. Una sola nube muy arriba.

Nadie
en los pasillos. Abro una puerta con un número
    azul 27.
—¿Dónde estoy?
Mi pregunta en español se deshace
cuando oigo la gruesa puerta cerrarse detrás de mí.

La Sra. Sampson, la maestra, me lleva a mi
    mesabanco.
Los niños se ríen cuando meto la nariz
    en la bolsa
con mi almuerzo.

El duro reloj redondo sobre
    mi cabeza
marca el tiempo y
    apunta sus extrañas
    flechas hacia mí.

En el pizarrón, veo una fila
de letras del abecedario y números para sumar.
   ¿Si los aprendo
crecerán como semillas?

¿Si aprendo las palabras en inglés
llegará mi voz al techo, se tejerá ahí
como las hojas de las uvas?

Estamos pintando con los dedos.
Dibujo soles broncos con mis manos abiertas.
Coches locos hechos de tomates y sombreros de
   pepinos…
escribo mi nombre con siete chiles.

—¿Qué es eso? —me pregunta la Sra. Sampson.
Mi lengua es una piedra.

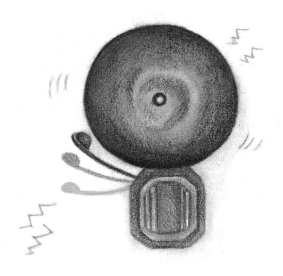

Suena la campana de la escuela
y me asusto.

Corro y agarro la bolsa de mi almuerzo
y me siento en la banca verde de acero.
En unos cuantos minutos me acabo mi burrito
   de papas.
Pero todos están jugando,
y yo estoy solo.

—Nomás es el *recess*
—mi amiguita, Amanda, me dice en español.
En español, pronuncio *recess* despacito.
—Suena como *reses*, como la palabra para
   vacas,
¿verdad? —le digo.

—¿Qué es *recess*? —le pregunto a Amanda.

La alta campana
ruge otra vez.

Esta vez todos comen sus sandwiches
mientras yo juego solo
en la cancha de béisbol con brisa.

—¿Esto es *recess*? —otra vez pregunto.

Cuando salto y me levanto,
todos se sientan.
Cuando me siento,
todos los niños se columpian en el aire.

Mis pies flotan por las nubes
cuando todo lo que quiero es tocar tierra.
Soy el niño de cabeza.

Papi llega a la casa color de rosa de doña
   Andasola.
Le enseño mi pintura que hice con mis dedos.
—¡Qué sol tan picante! —él canta—.
Me recuerda de los días de verano del Valle de
   San Joaquín —,
dice, acomodándose el pelo negro con las manos.

—¡Mira, Mamá!
¿Ves mi pintura?

—Ésos son jitomates voladores
listos para la salsa —dice Mamá.
Ella le enseña mi pintura a doña Andasola,
quien se la muestra a Gabino, su canario.

—Gabino, Gabino, ¿la ves? —grita doña
   Andasola—.
¿Qué te parece?
Gabino sacude su cabecita de un lado al otro.
—¡Pío, pío, piiiii!

•••

La Sra. Sampson me invita
al frente de la clase. —Canta,
    Juanito,
canta una de las canciones
    que hemos ensayado.

Salto para arriba temblando.
    Estoy solo frente al salón.

—¿Listo para cantar? —me
    pregunta la Sra. Sampson.
Estoy congelado, pero luego un
    hondo resuello me llena,
—*Three blind mice, three blind
    mice* —canto yo.

Mis ojos se abren tan grandes
    como el techo
y mis manos se extienden como para
    alcanzar
gotas de lluvia del cielo.

—Tienes una voz muy *beautiful,* Juanito —me
    dice la Sra. Sampson.
—¿Qué es *beautiful*? —le pregunto a Amanda al
    salir de la escuela.

En casa, le ayudo a Mamá y a doña Andasola
a hacer buñuelos, tortillas dulces fritas con canela.

—Piiiiicho, ven acaaaaá —le digo cantando
a mi perro mientras yo estiro una bolita de masa.

—Escuuuuúchame —le canto a Picho con sus
      orejas
hechas triángulos de pelusa—. ¡Tengo una
      voz hermoooosa!

—Qué está cantando? —le pregunta doña
      Andasola a mi mamá
mientras acuesta un buñuelo gentilmente en el
      sartén.

—Mi maestra dice que tengo una voz
      hermoooosa —canto,
bailando con una bolita de masa pegada a mi
      nariz.

—Sí, sí —se ríe Mamá—.
A ver si tus buñuelos salen hermosos también.

—Nomás alcancé a llegar a tercer año, Juanito
—me dice Mamá mientras me preparo para
    acostarme.

—Cuando vivíamos en El Paso, Texas,
mi madre necesitaba ayuda en la casa. Éramos
    muy pobres
y ella estaba cansada de limpiar casas de otra
    gente.

—Ese año tu mamá se ganó una medalla por
    deletrear bien
—dice Papi rasurándose en el baño.

—Tu papi aprendió el inglés sin escuela —dice
    Mamá—.
Cuando trabajaba en el traque, él les pagaba
a sus amigos un centavo por cada palabra que le
    enseñaban.

Murmura Papi: —Cada palabra,
cada idioma tiene su propia magia.

• • •

Después de una semana de leernos en voz alta
un poema nuevo cada día,
la Sra. Sampson nos dice: —Escriban un poema
—mientras toca música sinfónica en el viejo
    tocadiscos rojo.

Pienso en Mamá, aprieto mi lápiz,
derramo letras de la punta luminosa como un río
    flaquito.

Las olas se tropiezan sobre la página.
Las eles se enroscan al fondo.
Las efes ladean los sombreros
    de sus cabezas.
Las emes son olas del mar.
    Estallan sobre mi
    mesabanco.

POEMA DE JUANITO

Papi Felipe con un bigote de palabras.
Mamá Lucha con fresas en el cabello.
¡Salsa mágica en mi casa y por
dondequiera que veo!

—Recibí una A por mi poema! —les grito a todos
frente al patio donde Mamá le corta el pelo a
  Papi.

Le enseño mi poema a Gabino,
corriendo por la cocina hacia atrás de la casa.

—Escuchen —les canto a los pollitos,
con mis manos levantadas como si fuera un
  director
de música famoso.

Les doy maicitos y les canto mi poema.
A cada pollito de peluche le toca un nombre:
—¡Beethoven! ¡Tú, con la cabeza como matorral!
¡Mozart! ¡Tú, brincador salpicado de negro!
¡Johann Sebastián! ¡Gallito colorado, baila, baila!

En la mañana, caminando a la escuela,
Papi me mira y dice: —Tú sí tienes una voz
    bonita, Juanito.
Nunca te había escuchado cantar hasta ayer
cuando les dabas de comer a los pollos.
Al principio, cuando llegamos aquí
te veías triste y no sabía que hacer.

—Me sentía raro, de cabeza —yo le digo—.
Las calles de la ciudad no son suaves para las
    flores.
Los edificios no tienen caras. Sabes, Papi,
en el campo me sabía todos los nombres,
¡hasta los de los bichos
con sus ojitos bravos y narices relumbrantes!

—Ten —me dice—. Te doy mi armónica.
Tiene muchas voces, muchas canciones hermosas
como tú. ¡Cántalas!

En el Día de la Comunidad,
Mamá y Papi se sientan en la primera fila.
Doña Andasola admira nuestros dibujos en las
    paredes,
Gabino en su hombro.

—Nuestras pinturas se parecen a los campos
    floreados
del Valle —le digo a Amanda.

—Tengo una sorpresa —le susurro a Mamá—.
Soy "El Maestro Juanito", ¡el director del coro!
—La Sra. Sampson se sonríe con su sombrero de
    chiles
y comienza la música.

Toco una C con mi armónica. —¡La la la laaaaah!
¿Listos para cantar sus poemas? —le pregunto a
    mi coro—.
Uno… dos… *¡and three!*

Maese gato se encontró con unos segadores.

Maese gato

Charles Perrault

*Traducción de Joëlle Eyheramonno y
Emilio Pascual*

Un molinero dejó por toda herencia a sus
tres hijos un molino, un asno, y un gato. El
reparto se hizo en seguida sin llamar al notario
ni al abogado: se hubieran comido en seguida
todo el pobre patrimonio. Al mayor le tocó el
molino, al segundo el asno, y al menor no
le tocó más que el gato. Este último no podía
consolarse de tener tan pobre lote.

—Mis hermanos —se decía— podrán ganarse
bastante bien la vida juntándose los dos; pero
yo, en cuanto me haya comido el gato y me haya
hecho un manguito con su piel, tendré que
morirme de hambre.

El gato, que estaba oyendo aquellas palabras, pero que se hacía el desentendido, le dijo con aire sosegado y serio:

—No os aflijáis, mi amo: no tenéis más que darme un saco y hacerme un par de botas para ir a los matorrales, y veréis cómo vuestra parte no es tan mala como creéis.

Aunque el amo del gato no se hacía muchas ilusiones, lo había visto valerse de tantas estratagemas para cazar ratas y ratones, como cuando se colgaba por las patas o se escondía en la harina para hacerse el muerto, que no perdió la esperanza de que lo socorriera en su miseria.

Cuando el gato tuvo lo que había pedido, se puso las botas bien puestas y, echándose el saco al hombro, cogió los cordones con sus dos patas delanteras, y se fue a un lugar donde había muchos conejos. Echó salvado y hierba en el saco y, tumbándose como si estuviera muerto, esperó que algún conejillo todavía poco experto en las trampas de este mundo viniera a meterse en el saco para comer todo lo que había echado.

Apenas se había tumbado, cuando ya pudo sentirse satisfecho; un conejillo distraído entró dentro del saco, y maese gato, tirando en seguida de los cordones, lo cogió y lo mató sin compasión.

Muy orgulloso de su presa, se fue al palacio del Rey y solicitó hablar con él. Lo hicieron subir a los aposentos de Su Majestad, donde nada más entrar hizo una profunda reverencia al Rey y le dijo:

—Majestad, éste es un conejo de campo, que el señor marqués de Carabás —era el nombre que le había parecido bien dar a su amo— me ha encargado ofreceros de su parte.

—Di a tu amo —respondió el Rey— que se lo agradezco y que me agrada mucho.

Otro día fue a esconderse en un trigal, siempre con el saco abierto; y, cuando hubieron entrado en él dos perdices, tiró de los cordones y las cogió a las dos.

Después fue a ofrecérselas al Rey como había hecho con el conejo de campo. El Rey recibió otra vez con agrado las dos perdices y mandó que le dieran unas monedas.

El gato siguió así dos o tres meses, llevando de cuando en cuando al Rey piezas de caza de parte de su amo.

Un día en que se enteró de que el Rey iba a salir de paseo a orillas del río con su hija, la princesa más hermosa del mundo, dijo a su amo:

—Si queréis seguir mi consejo, vuestra fortuna es cosa hecha: no tenéis más que bañaros en el río en el sitio que yo os indicaré y luego dejarme hacer.

El marqués de Carabás hizo lo que le aconsejaba su gato, sin saber adónde iría a parar la cosa. Mientras se estaba bañando, pasó el Rey, y el gato se puso a gritar con todas sus fuerzas:

—¡Socorro, socorro, que se ahoga el señor marqués de Carabás!

Ante aquellos gritos, el Rey sacó la cabeza por la portezuela y, conociendo al gato que le había llevado caza tantas veces, ordenó a sus guardias que fueran en seguida a socorrer al señor marqués de Carabás.

•••

Mientras estaban sacando al pobre marqués del río, el gato se acercó a la carroza y dijo al Rey que, mientras se bañaba su amo, habían venido unos ladrones que se habían llevado su ropa, aunque él había gritado: "¡al ladrón!" con todas sus fuerzas; el muy pícaro las había escondido bajo una gran piedra. El Rey ordenó en seguida a los encargados de su guardarropa que fueran a buscar uno de sus más hermosos trajes para el señor marqués de Carabás.

El Rey le hizo mil demostraciones de amistad
y, como los hermosos trajes que acababan de
darle realzaban su buen aspecto (pues era
guapo y de buena presencia), la hija del Rey
lo encontró muy de su gusto, y en cuanto el
marqués de Carabás le echó dos o tres miradas
muy respetuosas y un poco tiernas, ella se
enamoró locamente de él. El Rey quiso que
subiera en su carroza y que siguieran juntos el
paseo. El gato, encantado de ver que sus planes
empezaban a tener éxito, tomó la delantera
y, encontrándose con unos campesinos que
estaban guadañando un prado, les dijo:

—Buenas gentes que guadañáis, si no decís al Rey que el prado que estáis guadañando pertenece al señor marqués de Carabás, os harán picadillo como carne de pastel.

El Rey no dejó de preguntar a los guadañeros de quién era el prado que estaban guadañando.

—Es del señor marqués de Carabás —dijeron todos a la vez, pues la amenaza del gato los había asustado.

—Tenéis aquí una buena heredad —dijo el Rey al marqués de Carabás.

—Ya veis, Majestad —respondió el marqués—, es un prado que no deja de producir en abundancia todos los años.

Maese gato, que siempre iba delante, se encontró con unos segadores y les dijo:

—Buenas gentes que segáis, si no decís que todos estos trigales pertenecen al señor marqués de Carabás, os harán picadillo como carne de pastel.

El Rey, que pasó poco después, quiso saber a quién pertenecían todos aquellos trigales que veía.

—Son del señor marqués de Carabás —respondieron los segadores, y el Rey se alegró una vez más con el marqués.

···

El gato, que iba delante de la carroza, seguía diciendo lo mismo a todos aquellos con quienes se encontraba; y el Rey estaba asombrado de las grandes posesiones del señor marqués de Carabás.

Finalmente, maese gato llegó a un hermoso castillo, cuyo dueño era un ogro, el más rico que se pudo ver jamás, pues todas las tierras por donde el Rey había pasado dependían de aquel castillo. El gato, que había tenido cuidado de informarse de quién era aquel ogro y de lo que sabía hacer,

solicitó hablar con él, diciendo que no había querido pasar tan cerca de su castillo sin tener el honor de presentarle sus respetos.

El ogro lo recibió tan cortésmente como puede hacerlo un ogro y lo invitó a descansar.

—Me han asegurado —dijo el gato— que tenéis el don de convertiros en toda clase de animales, que podéis transformaros por ejemplo en león o en elefante.

—Es verdad —respondió bruscamente el ogro— y, para demostrároslo, vais a ver cómo me convierto en león.

El gato se asustó tanto de ver un león ante él, que alcanzó en seguida el alero del tejado, no sin esfuerzo y sin peligro, pues sus botas no valían nada para andar por las tejas.

Un momento después el gato, viendo que el ogro había dejado su primera forma, bajó y confesó que había pasado mucho miedo.

—Me han asegurado además —dijo el gato—, pero no puedo creerlo, que tenéis también el

poder de tomar la forma de los animales más pequeños, por ejemplo, de convertiros en una rata o en un ratón; os confieso que lo tengo por imposible.

—¿Imposible? —replicó el ogro—. Vais a verlo.

Y al mismo tiempo se transformó en un ratón que se puso a correr por el suelo. En cuanto lo vio, el gato se arrojó sobre él y se lo comió.

Entre tanto el Rey, que vio al pasar el hermoso castillo del ogro, quiso entrar en él. El gato, que oyó el ruido de la carroza que pasaba por el puente levadizo, corrió a su encuentro y dijo al Rey:

—Sea Vuestra Majestad bienvenido al castillo del señor marqués de Carabás.

—¡Cómo, señor marqués! —gritó el Rey—.
¿También es vuestro este castillo? No hay nada
más hermoso que este patio y todos estos edificios
que lo rodean. Veamos el interior si os place.

El marqués dio la mano a la Princesita y,
siguiendo al Rey, que iba el primero, entraron en
una gran sala, donde encontraron una magnífica
comida, que el ogro había mandado preparar para
unos amigos suyos que iban a ir a verlo aquel
mismo día, pero que no se atrevieron a entrar al
saber que el Rey estaba allí.

El Rey, encantado de las cualidades del señor
marqués de Carabás, así como su hija, que estaba
loca por él, y, viendo los considerables bienes
que poseía, le dijo después de haber bebido un
poco de vino de su copa:

—Señor marqués, sólo de vos depende que
seáis mi yerno.

El marqués, haciendo grandes reverencias,
aceptó el honor que le hacía el Rey; y el mismo
día se casó con la Princesa. El gato se
convirtió en un gran señor y ya no
corrió tras los ratones más
que para divertirse.

La voz salía de un bejuco.

LOS CAZADORES INVISIBLES

Cuento folklórico nicaragüense
en versión de Harriet Rohmer

Traducción de Rosalma Zubizarreta y Alma Flor Ada

Un sábado por la tarde, tres hermanos salieron del pueblo de Ulwas, junto al Río Coco. Iban a cazar wari, el puerco salvaje de carne muy sabrosa.

Después de caminar una hora por el monte, oyeron una voz.

—Dar. Dar. Dar —decía la voz.

Los hermanos se detuvieron. Miraron a su alrededor pero no vieron a nadie. Entonces oyeron de nuevo la voz.

—Dar. Dar. Dar.

La voz salía de un bejuco que colgaba de un árbol frente a ellos.

El primer hermano agarró el bejuco. E instantáneamente desapareció. Entonces el segundo hermano agarró el bejuco. Y él también desapareció.

El tercer hermano, lleno de miedo, gritó:

—¿Qué les has hecho a mis hermanos?

—No les he hecho nada a tus hermanos —contestó la voz—. Cuando ellos me suelten, los verás.

Los dos primeros hermanos soltaron el bejuco. E instantáneamente se volvieron visibles.

—¿Quién eres? —preguntaron los hermanos, sorprendidos.

—Soy el Dar —dijo la voz—. Si alguien me agarra, se vuelve invisible y ni los seres humanos ni los animales lo pueden ver.

Los hermanos se dieron cuenta inmediatamente de que el Dar les podía ser muy útil.

—Podríamos acercarnos a los waris sin que nos vieran.

—Luego podríamos matarlos fácilmente con nuestros palos.

Cada uno de los hermanos quería un pedazo del Dar. Se lanzaron a coger el bejuco, pero el Dar se alejó y desapareció.

—Antes de apoderarse de mi poder, tienen que prometer que lo usarán bien —dijo el Dar.

—Te prometeremos cualquier cosa —dijeron los hermanos.

—Primero tienen que prometerme que nunca venderán la carne de wari. Solamente la regalarán. Luego, tienen que prometerme que nunca cazarán con escopetas. Tienen que cazar solamente con palos.

Los hermanos nunca habían vendido la carne de wari. Siempre se la habían dado a la gente. Nunca habían cazado con escopetas. Siempre habían cazado con palos. No lo sabían hacer de otra manera.

—Lo prometemos —dijeron. Y el Dar permitió que cada uno se llevara un pedazo pequeño del bejuco mágico.

Ese día los hermanos cazaron muchísimo. Después de matar muchos waris colgaron sus pedazos del Dar en el árbol y regresaron a casa.

La gente de Ulwas recibió a los hermanos con mucho regocijo. Limpiaron los animales y los colgaron sobre el fuego. Pronto el delicioso aroma de la carne asada llegó a todas las casas de la aldea. Cuando la carne estuvo lista, los hermanos la cortaron en pedazos y la compartieron con todos. Nunca había comido tan bien la gente de Ulwas.

Más tarde, esa noche, los ancianos de la aldea les preguntaron a los hermanos cómo habían conseguido tantos waris. Los hermanos les contaron las promesas que habían hecho al Dar.

—¡Qué buena suerte han tenido! —dijeron los ancianos—. Hemos oído hablar de ese bejuco. Es muy viejo y muy poderoso. Mientras cumplan sus promesas, nuestra aldea prosperará y nuestra gente los honrará.

Con la ayuda del Dar, los hermanos se convirtieron en cazadores famosos. Se contaban cuentos sobre ellos en todas las aldeas a lo largo del Río Coco y hasta más allá.

Un día, llegó a Ulwas un barco con dos extranjeros. Los extranjeros saludaron a los hermanos y les dieron regalos: telas de muchos colores y barriles de vino.

—Hemos viajado por muchos días para conocer a estos cazadores famosos —dijeron.

Los hermanos los invitaron a comer con ellos. Después de la comida, los extranjeros les contaron a los hermanos que eran comerciantes. Habían venido a comprar carne de wari.

—No podemos vender el wari —dijeron los hermanos, acordándose de su promesa al Dar—. Eso es lo que come nuestra gente.

Los comerciantes se rieron. —Nunca pensamos que cazadores tan famosos fueran tan tontos. Claro que la gente tiene que comer. Solamente queremos comprar lo que sobra.

Los hermanos se sintieron tentados. Hablaron entre sí. —Quizás pudiéramos vender nada más un poco de carne —dijo el primer hermano.

—Pero el Dar lo sabrá —dijo el segundo hermano.

Los hermanos se miraron nerviosamente. Entonces el tercer hermano dijo:

—Hemos visto que los comerciantes son hombres muy hábiles. Su poder tiene que ser mayor que el poder del Dar.

Los otros hermanos asintieron. No valdría la pena disgustar a los comerciantes.

Así que los hermanos comenzaron a vender la carne de wari.

Los comerciantes regresaron varias veces al pueblo de Ulwas. Cada vez traían más dinero para los cazadores. Cada vez se llevaban más wari. Pronto los hermanos empezaron a preocuparse al ver que no había suficiente wari para el pueblo.

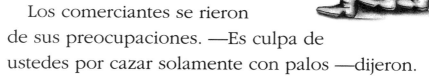

Los comerciantes se rieron de sus preocupaciones. —Es culpa de ustedes por cazar solamente con palos —dijeron.

—Pero siempre hemos cazado con palos.

—Ésa es la razón por la que no pueden alimentar a su pueblo. Tienen que cazar los waris más rápidamente. Necesitan escopetas.

Los hermanos conversaron entre sí.

—Si compráramos escopetas, podríamos cazar más waris —dijo el primer hermano—. Podríamos vender a los comerciantes y alimentar al pueblo también.

—Pero, ¿qué nos pasará? —preguntó el segundo hermano.

El tercer hermano se rió antes de contestar.

—Nos convertiremos en hombres hábiles como los comerciantes.

Así que los hermanos comenzaron a cazar con escopetas. Se olvidaron por completo de su promesa al Dar.

Poco a poco, sus corazones se alejaron de su gente. Mientras más carne cazaban, más vendían a los comerciantes. Se estaban acostumbrando a las cosas que podían comprar con el dinero que ganaban.

Los ancianos del pueblo hablaron seriamente a los hermanos.

—Necesitan darle de comer a la gente. Tienen hambre.

Los hermanos respondieron, enojados:

—¡Si quieren comer carne, nos pueden pagar por ella como hacen los comerciantes!

Pero la gente no tenía dinero. Comenzaron a esperar a los cazadores en las afueras del pueblo. Cuando los cazadores regresaban cargados de wari, la gente les pedía carne.

—Los hombres listos no regalan lo que pueden vender —se dijeron los cazadores. Así que les daban a la gente la carne malograda que no se podía vender.

• • •

La gente se enojó. —¿Ya no son ustedes nuestros hermanos? —les gritaron.

Los cazadores se reían y seguían su camino. Hasta hicieron a un lado a los ancianos que trataban de razonar con ellos.

Así pasaron muchos meses. Un día, cuando los hermanos regresaron al pueblo, la gente no se reunió a su alrededor como

de costumbre. Algunos se cubrieron los ojos y gritaron. Otros miraron incrédulos a la extraña procesión de waris muertos que se movía lentamente por el aire. Sólo los ancianos entendieron qué era lo que pasaba.

—El Dar ha vuelto invisibles a los cazadores —dijeron.

91

···

Era verdad. Los hermanos eran invisibles. Habían dejado sus pedazos de Dar en el árbol como de costumbre, pero habían permanecido invisibles. Algo no iba bien.

Soltaron los animales que llevaban y corrieron hasta el árbol.

—¿Qué nos has hecho? —le preguntaron alarmados al Dar.

Pero el Dar no les contestó.

Los hermanos cayeron de rodillas y le rogaron al Dar que les ayudara.

Pero el Dar sólo repitió su nombre una y otra vez.

—Dar. Dar. Dar.

Entonces los hermanos se dieron cuenta de las cosas terribles que habían hecho y se sintieron muy avergonzados. Llorando, regresaron a su casa.

En las afueras del pueblo los esperaban los ancianos. Los hermanos les rogaron que los perdonaran, pero los ancianos no los perdonaron.

—Desde este momento, tienen que irse de Ulwas —dijeron—. Nunca más vivirán con nosotros.

Los hermanos les rogaron a los ancianos que les dieran una última oportunidad. —¿Cómo podemos vivir lejos de nuestra gente? —dijeron llorando.

Pero los ancianos les dieron la espalda y se fueron.

...

Así que los cazadores invisibles dejaron su pueblo para siempre. Deambularon por las márgenes del Río Coco y llegaron hasta las cataratas de Carizal. Mientras vagaban, llamaban al Dar, rogándole que los volviera visibles de nuevo.

Algunos de los miskitos del Río Coco dicen que los cazadores todavía vagan después de todos estos años. Algunos hasta dicen que los cazadores invisibles han pasado junto a ellos en el monte. Saben que es así, dicen, porque han oído voces que llaman:

—Dar. Dar. Dar.

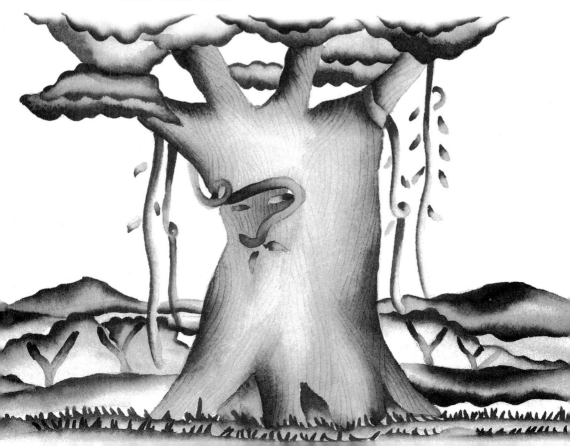

EL LEÓN DE ELENA

Crockett Johnson

Traducción de Dolores M. Koch

CONVERSAR Y CANTAR

Elena se sentó
en la banqueta y miró
pensativa al león, que
estaba echado a sus pies.

—Cada vez que tú y yo conversamos, yo
soy la que hablo todo el tiempo, ¿no es cierto?
—dijo ella.

El león no respondió.

—Nunca te dejo decir ni una palabra
—dijo Elena.

El león no dijo ni palabra.

—Mi problema es que yo hablo demasiado
—continuó Elena—. Creo que no he sido muy
amable contigo, y te pido disculpas.

—No te preocupes, Elena —dijo el león.

Elena se puso de pie de un salto y comenzó a brincar de alegría.

—¡Por fin hablaste! —exclamó ella—. ¡Dijiste algo!

—No es para tanto —dijo el león—. Más vale que mires adonde saltas.

—Es como dijiste —dijo Elena, y se sentó de nuevo—. ¡Tienes un vozarrón!

—Yo creo que mi voz se parece muchísimo a la tuya —dijo el león.

—No, suena muy diferente —Elena respondió, haciendo una mueca y apretando la barbilla contra el pecho hasta hacer su voz más profunda—. Mira, así es como tú hablas.

—Yo no hago muecas como tú —dijo el león.

—No te hace falta. Tu cara luce así siempre —Elena dijo—. Será por eso que tienes esa clase de voz.

El león no respondió.

—No lo dije para ofenderte —dijo Elena.

—Yo sólo soy un animal de peluche. Yo no tengo sentimientos —dijo el león, y con un resoplido volvió a quedarse en silencio.

—A mí me gusta la cara que tú tienes —dijo Elena, tratando de encontrar el modo de

animarlo—. Y tienes una voz muy fuerte y muy
linda. Vamos a cantar una canción.

—¿Qué canción? —dijo el león.

Elena pensó en una canción alegre.

—Vamos a cantar "Cielito lindo".

El león enseguida comenzó a cantar.

—*Ay, ay, ay, ay, canta y no llores…*

—Espera —dijo Elena—. Vamos a cantar juntos.

—Está bien —dijo el león.

—*Ay, ay, ay, ay, canta y no llores* —cantó
Elena, y después se detuvo—. Tú no estás
cantando.

—*Porque cantando se alegran* —cantó el león.

—*Se alegran, cielito lindo* —cantó Elena,
tratando de emparejarse.

Ella se dio cuenta de que el león no estaba
cantando con ella y se detuvo de nuevo.

—*…los corazones* —cantó el león.

—¿No pudiéramos cantar a la
misma vez? —preguntó Elena.

El león se quedó
pensando un rato.

—Me parece que no.
¿Qué crees tú?

—Vamos a conversar —dijo Elena—.
Es más fácil.

—Está bien —dijo el león.

—¿De qué vamos a hablar? Piensa tú
—dijo Elena.

—Está bien —dijo el león.

Elena esperó. Después de unos minutos
miró al león. Estaba en el suelo, sin moverse.

—Pobrecito, lo pensó tanto que se quedó
dormido —dijo en voz baja mientras salía
del cuarto en puntillas.

DOS PARES DE OJOS

—Quisiera tomar un poco de agua —dijo Elena
a medianoche.

—Bueno, ve a buscarla —dijo el león desde
el otro extremo de la almohada.

—Tengo miedo —dijo Elena.

—¿A qué? —dijo el león.

—A cosas —dijo Elena.

—¿A qué cosas? —dijo el león.

—A cosas que me dan miedo —dijo Elena—.
Cosas que no puedo ver bien en la oscuridad.
Me parece que siempre me siguen.

—¿Cómo lo sabes si no las puedes ver? —dijo el león.

—No las puedo ver porque siempre están detrás de mí —dijo Elena—. Si yo doy media vuelta, saltan detrás de mí.

—¿Las puedes oír? —dijo el león.

—Nunca hacen ruido —dijo temblando Elena—. Eso es lo peor de todo.

El león se quedó pensando por un momento.

—Mmm —dijo.

—Son horribles —continuó Elena.

—Elena —dijo el león—, yo creo que esas cosas no existen.

—Ah, ¿no? ¿Cómo entonces pueden darme tanto miedo? —dijo Elena con indignación—. ¡Son tan horripilantes!

—Deben ser muy horripilantes —dijo el león—. Si siempre se esconden detrás de ti, no pueden ser muy valientes.

Elena miró al león con mala cara. Y después pensó en lo que él había dicho.

—Yo creo que no son muy valientes —ella asintió—. No se atreverían a molestarme si yo pudiera mirar a los dos lados al mismo tiempo.

—Claro —dijo el león—. Pero, ¿quién tiene dos pares de ojos?

—Dos personas —dijo Elena, mirando para donde estaría el techo si no estuviera tan oscuro—. Yo no tendría miedo de caminar por el pasillo para ir a tomar un poco de agua si yo pudiera ser dos personas.

De pronto, estiró el brazo, arrastró al león hasta ella, y lo miró a los ojos.

—Los míos son botones —dijo—. Están cosidos. Yo no puedo ver muy bien en la oscuridad.

—Nadie puede ver en la oscuridad —murmuró Elena, levantándose de la cama—, pero las cosas no lo saben.

—¿Cómo sabes tú que no lo saben? —dijo el león.

—Yo las conozco muy bien —dijo Elena—. Después de todo, fui yo quien las inventó, ¿no?

—Ajá —dijo el león—. Yo bien dije que esas cosas no existen.

—Claro que sí existen —dijo Elena—. Te acabo de decir que yo misma las inventé.

—Sí, pero… —dijo el león.

—Así que yo tengo que saberlo bien, ¿no? —dijo Elena, poniéndose el león al hombro, de modo que él podía mirar detrás de ella—. Deja de discutir conmigo, y ten los ojos bien abiertos.

—Son botones —dijo el león, bamboleándose en el hombro de Elena mientras ella caminaba hasta la puerta de su cuarto—. Mis ojos nunca se cierran.

—Bien —dijo Elena, y abrió la puerta que daba al pasillo.

Tenía bien sujeto al león por la cola para que no se cayera, y se fue por el pasillo hasta el cuarto de baño, bebió un vaso de agua, y volvió para la cama. Ella miraba hacia delante todo el tiempo, mientras el león tenía los ojos fijos en la oscuridad detrás de ella, y durante todo el camino nada les molestó a ninguno de los dos.

ALGO ASÍ COMO UN SILENCIO

Elena entró llevando un libro sin dibujos. Cuando ella se sentó, se volvió hacia el león, que estaba en la banqueta, al lado del sillón grande.

—Por favor, quédate en silencio un rato —ella dijo—. Tengo un libro que quiero leer.

El león, que ya estaba en silencio, se quedó más silencioso todavía.

—Cuando uno quiere leer, es muy molesto si alguien está hablando todo el tiempo —explicó Elena, acariciando al león en la cabeza—. Tú puedes entender eso, ¿verdad?

El león no dijo nada.

Elena abrió el libro. Después de un momento lo cerró, pero poniendo el dedo pulgar en la página, y miró al león a su lado. Ni un solo pelo de su peluche artificial se movía.

—No tienes que exagerar tanto —dijo ella.

El león siguió sentado en silencio.

—Hay muchas maneras de estar en silencio —dijo Elena—. ¿Por qué no te puedes quedar en silencio con buena cara?

El león siguió en silencio de la misma manera, con sus ojos de botones mirando solamente hacia el frente, al espacio.

—Estás de muy mal humor —dijo Elena—. Sólo porque yo quiero unos minutos de paz, tú te ofendes. Ahora dime, de veras, ¿no te da vergüenza?

El león no le dijo nada.

—Lo haces para mortificarme —Elena dijo—. Pero no me importa. No te voy a hacer el más mínimo caso.

Abrió el libro otra vez y se acomodó en el sillón. Por un buen rato estudió las letras de la primera página y no le hizo caso al león. Pero cuando dio vuelta a la página, no pudo remediar echarle un vistazo al león.

—¡Caramba —le dijo—, de qué mal humor estás!

Ella puso el libro abierto en el otro brazo del sillón y se volteó sobre el brazo al lado del león.

Él no se había movido.
Estaba sentado muy
derechito, mirando al
espacio sin pestañear.

—Has estado sentado
ahí lleno de rabia
todo el tiempo
—dijo Elena—.

El león no se movió.

—Estás que revientas de rabia, ¿verdad?
—dijo Elena.

El león no dijo ni palabra.

—Tú quisieras ser un león de verdad, para
poder morderme y arañarme —dijo Elena—.
No me lo niegues.

El león no lo negó.

—¡Bien! —dijo Elena—. Yo no puedo tener
un animal de la selva en la casa que quiere
morderme y arañarme cada vez que yo le pido
que haga algo tan fácil como quedarse en
silencio por unos minutos.

Ella movió la cabeza con desaliento.

—La casa va a estar siempre llena de médicos
y enfermeras poniéndome vendajes y curitas
—dijo ella—. ¿Y sabes tú qué va a ser de ti?

Ella señaló al león con el dedo, pero
enseguida lo retiró antes de que el león se
lo pudiera arañar o morder.

—A ti te harán análisis
para saber si tienes
rabia, eso es.

Entonces se le
ocurrió otra idea,
y del susto abrió
desmesuradamente los ojos.

—Y un día quizás vas a sentir tanta rabia
por adentro que no vas a saber lo que haces
—ella dijo—. Y entonces, ¡me vas a comer!

Ella no demostró ninguna sorpresa cuando
el león no negó esa posibilidad. Movió la cabeza
con desaliento y se puso muy triste.

—Y luego, cuando te calmes, me buscarás y
no me encontrarás —dijo ella—. Y entonces te
arrepentirás, pero demasiado tarde.

Ella puso una cara muy triste para que el león
la viera, pero nada parecía cambiar su actitud.
Elena suspiró.

—¿No te arrepentirás? —le dijo.

Pero el león seguía mirando al espacio en
silencio.

—Tú sabes, lo menos que puedes hacer es mirarme cuando te hablo —dijo Elena.

Ella alargó el brazo, tomó al león, y lo sentó en sus rodillas, de frente a ella. Lo miró a los ojos, los ojos de botones, de él.

—¿No te vas a arrepentir?

—Sí, Elena —dijo el león.

—Menos mal —dijo Elena.

Puso al león otra vez en la banqueta.

—Y has visto que tienes que aprender a controlar tu mal humor, ¿no es verdad? —dijo ella.

—Sí, Elena —dijo el león.

—Me alegro que lo reconozcas —dijo Elena, cerrando el libro en el brazo del sillón—. ¿Qué vamos a hacer ahora? ¿Se te ocurre algún juego que te gustaría jugar?

—Me voy a sentar aquí con buena cara y me voy a quedar en silencio —dijo el león—. Tú vete a leer tu libro.

—Yo no sé leer libros que no tienen dibujos —dijo Elena con una risita—. Yo sólo estaba jugando.

—¡Ah! —dijo el león.

—Sí —dijo Elena—. ¿Ves? Hiciste tanto alboroto para nada.

¡Qué bonitas, qué peligrosas, qué importantes las aes!

El robo de las aes

Gonzalo Canal Ramírez
en versión de Germán Ramos

Aquel domingo, como todos los domingos, mi papá y yo entramos a misa. Me gustaba mucho la iglesia de nuestro pueblo.

En el altar mayor, un gran retablo mostraba al arcángel San Gabriel matando con su espada a un dragón. A la izquierda, entre flores de plástico de todos colores, San Jorge a caballo repartía su manto con un mendigo, vigilado por un soldado romano, como los del cine de Semana Santa. A la derecha, había un cuadro que mete mucho miedo: los cuatro jinetes del Apocalipsis sembrando el fin del mundo en la tierra.

Todos los domingos durante la misa, yo los miraba mientras el Padre Demetrio, que ahí en el púlpito se veía más grande que todos, leía las oraciones, asustaba con sermones, acusaba pecadores, y repartía comuniones. Yo quería a ese cura. Había hecho muchas cosas por el pueblo, sabía mucho, y hablaba tan bonito, con tantas palabras que parecía un diccionario. Mi papá también lo quería. Se conocían desde muchos años atrás, cuando el pueblo no era pueblo todavía y lo ayudaba con sus limosnas para el progreso de las obras de la iglesia. Pero ese domingo la amistad estaba enfriada.

Se acercaban las elecciones presidenciales y por esos días se presentaron como candidatos un general y un poeta, los dos del mismo partido. La iglesia proclamó al general como su favorito. Mi padre decía:

—¿Hasta cuándo militares? —y apoyó al poeta. Mi padre decía que un país gobernado por un poeta era mucho más bonito.

Desde que mi papá empezó la campaña electoral a favor del poeta, el Padre Demetrio le declaró la guerra en el púlpito durante el sermón de los domingos. También escribía contra él en el periódico de la parroquia, *La Voz de San Gabriel,* que era el único del pueblo.

Ese cura sí le decía cosas a mi papá, cosas que
lo herían y lo ponían triste. Arrodillado, yo veía la
cara de mi padre cuando el cura hablaba. Se ponía
serio, arrugaba la frente, y sus ojos cariñosos
brillaban igualito que en los días de sequía cuando
miraba los sembradíos muriéndose de sed.

Pero con todo y eso, siempre volvíamos a misa.

—Todos tenemos derecho a defender nuestras
ideas —, me decía. Y compraba a la salida de
la iglesia *La Voz de San Gabriel,* aunque sabía
que ahí también venía otro sermón en contra de
los amigos del poeta. A mí no me gustaba que
la gente leyera en el periódico las cosas que
escribían de mi papá.

•••

Un día resolví, por mi propia cuenta y sin
decírselo a nadie, poner fin a los insultos del
periódico contra mi padre. Me fui hasta la
imprenta parroquial, que funcionaba detrás de
la casa cural, a conocer cómo hacían *La Voz
de San Gabriel*. Antes de la campaña electoral,
cuando visitábamos al cura Demetrio, yo me
había hecho amigo de los trabajadores de la
imprenta. Me dejaron explorarla libremente.
Me fijé en cómo Tomás, el compositor, sacaba
las letricas de los cajetines y sin equivocarse
iba haciendo las palabras, las frases, los
renglones. Mario, el armador, tomaba
esos renglones de palabras y,
como un rompecabezas, armaba
la página, y Checame, el
prensista, las imprimía
sobre el papel.

Yo iba y venía del uno al
otro y, contento de poder
ayudarles, les traía agüita
fresca del tinajero que estaba
en el patio de las rosas,
cuando de pronto, como un
rayo, se me vino una idea

a la cabeza... Lo más importante eran las letras y las aes eran las letras más numerosas. Sin las aes no habría periódico. Si yo me robaba las aes, ¡*La Voz de San Gabriel* no podría aparecer!

Pero... ¿cómo? ¿Robar al Padre Demetrio? El plan me daba vueltas en la cabeza como un trompo... Total, si al cura le era permitido insultar a mi papá, a mí me sería permitido ayudar a que eso no siguiera pasando. Las aes, las aes, esas letricas eran la solución.

Averigüé todo lo necesario: cómo cerraban las puertas, a qué hora se iban,

cuándo terminaban de imprimir el periódico cada semana. Y mientras tanto las aes me bailaban, me llamaban, me atraían. Me fui con la cabeza llena de aes y hasta le puse una velita a San Antonio para que me iluminara. ¿Cómo podría robarme esas aes?

El sábado era el día. La imprenta estaba cerrada y empezaba a trabajar el martes de la semana siguiente. Cuando se dieran cuenta del robo ya las aes estarían muy lejos. Yo me pondría mis zamarros que tienen grandes bolsillos y en ellos vaciaría la cajita de las aes. El periódico no se podría imprimir y así ayudaría a mi papá. Los días anteriores a ese sábado fueron interminables. En mi cerebro una danza de aes, un chisporroteo de aes, un hormiguero de aes me acompañaba todo el tiempo mientras el plan se me iba formando. Si dormía, soñaba con las aes; si ayudaba a los peones en el ordeño, todas las vacas tenían forma de aes; los caballos en el establo eran aes que relinchaban. Aes, aes, aes, aes, aes. ¡Qué bonitas, qué peligrosas, qué importantes las aes!

El sábado llegó y mi caballo Emir y yo fuimos temprano al pueblo a visitar a las tías. Como a las cuatro de la tarde comenzó mi plan. Entré con Emir al patio de la casa parroquial y le pedí permiso al peón Casimiro para ir a hacer una "necesidad".

—Pase m'ijo, vaya —, contestó él, viniendo hacia mí.

—Y me tienes por favor a Emir, no le gusta estar con otros caballos.

—Lindo potro tu Emir, yo te lo cuido.

Cuando entré al taller el miedo se me hizo más grande, tan grande como el cura Demetrio en el púlpito. Me parecía que él veía lo que yo estaba haciendo. Cuando sacaba las aes del cajetín los dedos se me engarrotaron, me temblaban las piernas, sudaba frío, y casi no podía respirar. Estuve a punto de arrepentirme. El miedo hizo de verdad la "necesidad" que le había inventado a Casimiro. Esto casi que lo echa a perder todo porque no estaba en el programa.

Cuando salí, un relincho de Emir me dio
las fuerzas que me faltaban para atravesar el
patio. Las hojas que crujían bajo mis pasos me
acusaban y mi forma de caminar debía ser
muy rara porque al verme Casimiro comentó:

—Ay m'ijo, pa' esos dolores dígale a su mamá
que le prepare un guarapito de menta.

—Ya pasó, voy a la finca. Gracias, Casimiro —.
Y salí mandado como un tiro rumbo a mi casa.

Emir corría como un campeón. Nos fuimos
por las callecitas de las afueras para que nadie

nos llamara. De pronto empecé a sentir que alguien nos perseguía. Las aes me pesaban en los bolsillos, y en la conciencia me parecía oír la voz del cura acusándome. Los cuatro jinetes del Apocalipsis, San Jorge, el soldado romano, y hasta el arcángel San Gabriel con dragón, y todo me perseguían. La tarde se hacía oscura y asustaba como nunca. Yo sentía a los demonios del cielo y de la tierra acechándome en cada curva del camino, oía los

gritos de la llorona, las súplicas de las ánimas del purgatorio, y los cantos del silbón. ¡Arre, Emir, arre!

Al pasar por el pozo del ahogado, vi como éste se levantaba del pantano con sus manos huesudas, para agarrarme. ¡Corre, Emir, corre! Oía el aleteo del arcángel San Gabriel sobre mi cabeza. ¡Corre, mi caballito, que nos alcanzan!

Cuando vi las luces de la hacienda el olor del cafecito me llegó colgado de la brisa. Entonces, todos los demonios desaparecieron. Ya estaba en casa. Nadie me perseguía ni lo había hecho. Las letras estaban frías en mis bolsillos y Emir y yo no podíamos respirar del cansancio.

Entré por detrás del granero y fui directamente al sitio que había elegido para guardar las aes. Las enterré envueltas en una pieza de cuero, como un tesoro que la tierra me guardaría.

Más tarde, cuando mi padre me besó al darme las buenas noches, me sentí feliz. Lo había

ayudado y por un tiempo *La Voz de San Gabriel* no lo atacaría. Mi secreto durmió tranquilamente conmigo aquella noche.

Durante ocho días esquivé cualquier viaje al pueblo. Ni siquiera quise ir a llevar la leche, que era mi oficio preferido y que me dejaban hacer pocas veces al mes. Pero llegó el domingo y debía acompañar a mi padre a misa.

En el púlpito, durante la misa, el Padre Demetrio explicó por qué el periódico no había aparecido. Yo lo oía escalofriado y titiritando junto a mi padre. Aquel sermón era el más furioso de todos.

—¡Han cometido un sacrilegio! —decía con su voz de órgano—. ¡Robar las pertenencias de la iglesia es doble pecado y se castiga con la excomunión! *La Voz de San Gabriel* no podrá salir en mucho tiempo porque las letras hay que traerlas de la capital y entre

más demoren en aparecer las letras mayor es el
pecado. ¡Sepa el culpable que está condenado!

Nunca he tenido más miedo. Me sentía en
el infierno condenado por las aes. Cuando por
fin terminó aquella misa inacabable mi padre
me dijo:

—¿Qué te pasa, m'ijo? Te veo enfermo...

—Nada —le contesté y salí corriendo a la casa
de mis tías.

Cuando mi papá llegó
le confesé:

—Papá, yo me robé las aes,
porque no me gustaba lo
que escribían de ti en el
periódico. Sus grandes ojos
azules se humedecieron.
Sus labios alcanzaron a
dibujar una sonrisa cortada por
una arruga de preocupación en la
frente. Después de unos interminables
minutos de suspenso, me abrazó,
me besó, y dijo:

—Te agradezco. Lo hiciste por amor. Se te
perdonará por amor. Pero hay que restituirlas.
¿Las tienes todavía?

—¡Sí! ¡Están enterradas en un saquito para que
no se las coma la tierra!

—Ve y búscalas. No se lo digas ni a tu mamá.
Te espero aquí. No se lo digas a nadie.

La voz de mi padre había lavado mi cuerpo y
mi alma de aquella horrible sensación de pavor.
Camino de la finca, camino de las aes, era como
si yo no pesara sobre Emir y como si Emir no
pesara sobre el suelo.

Pero de regreso al pueblo una terrible
interrogación me asaltaba y me empalidecía:
¿A quién habría de entregarle las aes? ¿Quién las
entregaría? ¿Sería yo?

Cuando al llegar a presencia de mi padre le
formulé la pregunta, él contestó:

—Hay que entregárselas al dueño, al Padre
Demetrio Mendoza. Se las entregarás tú en
persona. Yo te acompaño. Es mejor que nadie
más sepa de esto.

Nos pusimos en marcha los dos hacia la casa
cural. Mi padre silencioso de preocupación.
Yo, fulminado del susto.

El Padre Demetrio estaba sentado en el corredor leyendo su breviario en la mecedora. Se quedó mirándonos muy extrañado por encima de sus anteojos.

—¿Qué milagro me los trae por acá? —dijo, dejando a un lado el librito y guardando los anteojos en la sotana.

—Mi hijo quiere hablarle —contestó Papá, dándome una palmadita en el hombro para que me adelantara. Di dos pasos temerosos hacia el padre. Con los brazos extendidos le entregué el saco con las aes.

—Yo me robé las aes, Padre, porque no me gusta lo que escriben en el periódico contra mi papá.

El viejo y grande cura se quedó como una estatua. Quiso decir algo pero se contuvo, tomó el paquete, lo puso lentamente sobre el libro sin dejar de mirarme.

Y luego me levantó con sus enormes brazos peludos y me dio un beso.

—Estás perdonado hijo... ¿alguien más lo sabe?

—Mi papá y su reverencia. Pero mi papá lo supo hoy después de la misa.

—Nadie más debe saberlo. Se nos complicaría mucho la situación. No lo cuentes ni siquiera a tu mamá.

Después de una pausa, el cura Demetrio le extendió la mano a mi papá diciéndole:

—Gonzalo, este muchacho tiene que estudiar. Mándalo para acá todos los sábados.

Desde ese día, se acabaron los sermones y las páginas contra mi padre.

Yo empecé a trabajar en la imprenta que tanto me gustaba y ahora quiero hacer un libro para contar esta historia y muchas otras que pasan en mi pueblo, donde hay generales y poetas.

—Había una vez un viejo, tan viejo como yo.

LA HIJA DE LA NIEVE

Cuento folklórico ruso
en versión de Arthur Ransome

Traducción de Dolores M. Koch

Había una vez un viejo, quizá tan viejo como yo —contaba el abuelo— y una vieja, su esposa, que vivían en una choza en una aldea que lindaba con el bosque. En la aldea vivía mucha gente, era todo un pueblo… ocho chozas por lo menos, treinta o cuarenta personas, que eran buena compañía para cruzar el camino juntos. Los viejecitos no eran felices, a pesar de vivir como en el mismo centro del mundo. ¿Y por qué no eran felices? No eran felices porque no tenían un pequeñín como Vanya, ni una nena como Maroosia. Imagínense ustedes. Había quienes decían que era mejor que así fuera.

—Tú no dirías eso, ¿verdad, Abuelito?
—preguntó Maroosia.

—¡Qué tontería!—dijo su abuelo Peter,
y prosiguió con el cuento.

En fin, los dos viejos no eran nada felices. En todas las otras chozas había al menos un bebé adentro, y otros pequeños afuera, jugando en el camino. Cuando un coche se aproximaba, tenían que gritarles para que le dejaran paso. Pero en la choza de ellos no había ningún niño y la viejecita nunca tenía que ir hasta la puerta para ver dónde estaba su niño, porque no tenían ninguno.

Los dos viejos, el hombre y la mujer, acostumbraban a pasarse las horas de pie en la ventana, mirando a los niños jugar afuera. Aunque tenían unos perros y una gata, además de gallos y gallinas, ninguno de éstos les servían de compensación por no tener hijos.

•••

Los dos se quedaban siempre de pie mirando
a los niños de otras casas. Cuando sus perros
ladraban, ellos ni se daban cuenta; cuando
su gata se acurrucaba junto a ellos, ellos ni la
sentían; y los gallos y las gallinas, bueno, ellos
les daban de comer, eso era todo. Los viejos
no se interesaban por sus animales y preferían
pasarse todo el tiempo mirando a los niños
ajenos, como Vanya y Maroosia.

Cuando llegaba el invierno, los niños se
ponían sus abrigos de piel de cordero…

—¿Como los abrigos nuestros?
—preguntaron Vanya y Maroosia
a su abuelo al mismo tiempo.

—Sí, como los de ustedes —dijo el
viejo Peter y siguió su cuento.

Con sus abriguitos de pieles puestos, ellos
jugaban en la nieve, que crujía bajo sus pies.
Se tiraban bolas de nieve, gritaban y se reían, y
luego amasaban la nieve para hacer una muñeca
de nieve, una verdadera Baba Yaga, o sea, una
bruja de nieve. ¡Ay, qué adefesio!

Y el viejo, que estaba mirando por la ventana,
le dijo a la vieja:

—Mujer, vámonos al patio de atrás y hagamos
una niña de nieve; a lo mejor cobra vida y será
entonces como una hija para nosotros.

—Esposo —dijo la vieja—, nunca se sabe lo que
puede suceder. Vamos al patio a hacer una niña de
nieve.

Y los dos viejos se pusieron sus abrigos y sus
sombreros de pieles, y se fueron al patio donde
nadie podía verlos. Y amasaron la nieve, y
empezaron a hacer una niña de nieve. Apretaron
la nieve con ternura para formarle los bracitos

y las piernas. El buen Dios ayudó a los viejos,
y la niña de nieve fue más bella de lo que ellos
hubieran podido imaginar. Tenía más encanto
que un grácil abedul en primavera.

Y bien, para el atardecer ya estaba terminada…
una niñita, toda de nieve, con ojos blancos que no
veían, y una boquita pequeña con labios de nieve
muy bien cerrados.

—Anda, háblanos —dijo el viejo.

—¿No quieres corretear como los otros niños,
blanca palomita? —dijo la vieja.

Y eso fue exactamente lo que ella hizo,
de veras.

De pronto, en la semioscuridad, ellos vieron
cómo brillaban sus ojos azules como el cielo en

un día claro. Y sus labios se pusieron rosados y se abrieron, riéndose y mostrando sus dientes blancos y pequeñitos. Y ellos miraban cómo el viento sacudía su pelo negro.

Cuando comenzó a bailar en la nieve, como un espíritu blanco, ella sacudió su larga cabellera negra, sonriéndose sola.

Bailaba libremente, como los copos de nieve que giran en el aire. Los ojos le brillaban, y el pelo le daba vueltas alrededor, mientras que los viejos la observaban, y se maravillaban, y le daban las gracias al cielo.

Y esta es la canción que ella cantaba:

No hay sangre en mis venas,
sólo agua, ay qué pena.
Pero canto, juego, y río,
aunque haga mucho frío…
Hija de la Nieve soy.

Pero si siento que ustedes
no me quieren un poquito,
entonces yo me derrito.
Otra vez al cielo me voy…
Hija de la Nieve soy.

—¡Oh, Dios mío, pero qué bella es! —dijo
el viejo—. Corre, mujer, y trae una manta para
ponérsela sobre los hombros mientras tú le haces
alguna ropa.

La vieja trajo una manta, y se la puso sobre
los hombros a la niñita de nieve. Y el viejo la
cargó y ella le puso los bracitos fríos alrededor
del cuello

—No deben abrigarme demasiado —dijo ella.

Y entonces se la llevaron al interior de la
casa, y mientras la vieja le hacía un abriguito,
la acostaron en un banco que estaba en el
rincón más alejado de la estufa.

El viejo salió a comprarle a un vecino un
sombrero de pieles y un par de botas para la
niña. El vecino se rió del viejo; pero el dinero
es el dinero en todas partes, y nadie lo rechaza
si viene a su puerta, así que le vendió al viejo
un sombrerito de pieles y un par de botas rojas
bordeadas de piel.

Entonces vistieron a la pequeña niña de nieve.

—Siento mucho calor, mucho calor. Tengo que
salir afuera aunque haga mucho frío.

—Pero ahora es hora de dormir.

···

—Aunque haga mucho frío, aunque haga mucho frío —la niña cantaba—. No, voy a jugar sola en el patio durante toda la noche, y por la mañana jugaré en el camino con los otros niños.

Nada de lo que le dijeron los viejos pudo hacerla cambiar de opinión.

—Yo soy la Hija de la Nieve —es lo que siempre respondía a todo, y salió corriendo por la nieve en el patio.

¡Cómo bailaba y correteaba por la nieve a la luz de la luna!

Los viejos la observaron por mucho tiempo. Al fin se fueron a acostar, pero más de una vez el viejo se levantó durante la noche para asegurarse de que ella estaba allí todavía. Y allí estaba, correteando por el patio, persiguiendo su sombra a la luz de la luna, y lanzando bolas de nieve a las estrellas.

Por la mañana ella entró riendo a tomar el desayuno con los viejos. Les enseñó a prepararle su desayuno, que era muy fácil. Sólo tenían que tomar un poco de nieve y aplastarla un poco en un pocillito de madera.

Después del desayuno, ella corrió hasta el camino para unirse a los otros niños. Y los viejos

la miraban.

Oh, ¡qué orgullosos
estaban, estoy seguro, de ver a una niña que
era de ellos jugando allá afuera en el camino!
Estaban deseando que un trineo pasara por allí,
de modo que ellos pudieran correr al camino
y gritarle a la niña que tuviera cuidado.

Y la pequeña niña de nieve jugaba con los
otros niños en la nieve. ¡Cómo jugaba! Ella podía
correr más rápido que los demás. Sus botas
rojas relucían cuando corría. Y ella era la mejor
a la hora de lanzar bolas de nieve. Y cuando los
niños empezaron a hacer una muñeca de nieve,
una Baba Yaga, la Hija de la Nieve se estremecía

de la risa. Reía y reía, con una risa como campanitas de cristal. De todos modos, ella ayudó a hacer la muñeca de nieve, aunque no dejaba de reírse todo el tiempo.

Cuando estuvo terminada, todos los niños le tiraron bolas de nieve hasta que la tumbaron, hecha pedazos.

Y la pequeña niña de nieve reía y reía, y era tan rápida que tiró más bolas de nieve que nadie.

El viejo y la vieja la miraban, y se sentían muy orgullosos.

—Ella es muy nuestra —dijo la vieja.

—Nuestra palomita blanca —dijo el viejo.

Para la cena ella comió otro pocillito de nieve, y después se fue a jugar sola en el patio.

—Tienes que estar cansada, mi niña —dijo el viejo.

—Después estar corriendo todo el día, vas a dormir esta noche en la choza, ¿verdad, mi amor? —dijo la vieja.

Pero la Hija de la Nieve sólo se rió. —Aunque haga mucho frío, aunque haga mucho frío —cantó ella, y salió corriendo por la puerta, riéndose con ellos, y con los ojos brillantes.

Y así se fue pasando todo el invierno. La pequeña Hija de la Nieve cantaba y reía y bailaba todo el tiempo. Siempre salía por las noches y jugaba sola hasta la madrugada. Entonces entraba y comía su pocillito de nieve. Después, ella jugaba con los niños. Y luego comía otro pocillito de nieve, y se iba afuera en la noche.

Se portaba muy bien. Hacía todo lo que la vieja le decía. Sólo que nunca quería dormir adentro. Todos los niños de la aldea la querían. No sabían cómo habían podido jugar antes sin ella.

Y así siguieron las cosas hasta más o menos esta época del año. Quizá fue un poco antes. De todos modos, la nieve se estaba derritiendo, y ya se podía pasar por los caminos. A menudo los niños iban juntos, adentrándose en el bosque antes de que oscureciera. La pequeña niña iba con ellos. No se hubieran divertido sin ella.

Y entonces un día se adentraron demasiado en el bosque y, cuando dijeron que iban a dar la vuelta, la niña de nieve movió la cabeza bajo su sombrerito de pieles y, riéndose, echó a correr entre los árboles. A los otros niños les dio miedo seguirla. Se estaba haciendo de noche. La esperaron lo más que pudieron, y luego corrieron a casa, muy cogidos de la mano.

Y la Hija de la Nieve se quedó solita bosque adentro.

Ella buscó a los demás, pero no los podía ver. Se trepó entonces a un árbol. Los árboles a su alrededor eran muy tupidos y no pudo ver más lejos que cuando estaba abajo en tierra.

Desde el árbol gritaba:

—Ay, ay, mis amigos, tengan piedad de la pequeña niña de nieve.

•••

Un viejo oso café la oyó y se le acercó, balanceándose pesadamente en sus grandes patas.

—¿Por qué lloras, pequeña Hija de la Nieve?

—Ay, gran oso —le dijo la pequeña niña de nieve—. ¿Cómo no voy a llorar? Estoy perdida, la noche se acerca, y mis amigos ya se han ido.

—Yo te llevaré a casa —dijo el viejo oso café.

—Ay, gran oso —dijo la niña de nieve—. Yo te tengo miedo. Creo que tú me vas a comer. No quisiera ir a casa contigo.

Así que el oso se alejó pesadamente y la dejó sola.

Un viejo lobo gris que la había oído se le acercó corriendo a todo correr. Se detuvo bajo el árbol, y le preguntó:

—¿Por qué estás llorando, pequeña Hija de la Nieve?

—Ay, lobo gris —le dijo la niña de nieve—. ¿Cómo no voy a llorar? Estoy perdida, se está haciendo de noche, y todos mis amigos ya se han ido.

—Yo te llevaré a casa —dijo el viejo lobo gris.

—Ay, lobo gris —dijo la niña de nieve—. Yo te tengo miedo. Creo que tú me vas a comer. No quisiera ir a casa contigo.

Así que el lobo se alejó corriendo y la dejó sola.

Un viejo zorro rojo la oyó y, con sus finas patitas, vino corriendo hasta el árbol. Y le gritó animadamente:

—¿Por qué estás llorando, pequeña Hija de la Nieve?

—Ay, zorro rojo —dijo la niña de nieve—.
¿Cómo no voy a llorar? Estoy perdida, está
oscuriendo, y todos mis amigos ya se han ido.

—Yo te llevaré a casa —dijo el viejo zorro rojo.

—Ay, zorro rojo —dijo la niña de nieve—.
Yo no te tengo miedo. Creo que tú no me vas a
comer. Me iré a casa contigo, si tú me quieres
llevar.

Así que ella bajó del árbol, agarró al zorro por
el pelo del lomo, y corrieron juntos a través del
bosque oscuro. Enseguida vieron las luces en las
ventanas de las chozas, y en sólo unos minutos
estuvieron a la puerta de la choza de los viejos.

Y los viejos estaban allí llorando y
lamentándose.

—Ay, ¿qué se ha hecho de nuestra niña de
nieve?

—¿Dónde está nuestra palomita blanca?

—Aquí estoy —dijo la pequeña niña de
nieve—. Este amable zorro rojo me ha traído
a casa. Ustedes tienen que encerrar a los
perros ahora.

El viejo encerró los perros.

—Le estamos muy agradecidos —dijo al
zorro rojo.

—¿De veras? —dijo el
viejo zorro rojo—. Porque yo tengo
mucha hambre.

—Aquí tienes un buen mendrugo para ti
—dijo la vieja.

—Ah —dijo el zorro—, pero preferiría un lindo
pollo gordito. Después de todo, la niña de nieve
de ustedes bien vale un lindo pollo gordito.

—Muy bien —dijo la vieja, pero le dijo algo
a su esposo en tono de protesta.

—Esposo —dijo ella—, ya tenemos a nuestra
niña otra vez.

—Sí, la tenemos —dijo él—. Gracias sean dadas
por ello.

—Es una lástima perder un buen pollo gordito.

—Sí, es una lástima
—dijo él.

—Bueno, yo
estaba pensando
—dijo la vieja,
y entonces le contó
lo que iba a hacer.
Ella salió y volvió con
dos sacos.

En un saco pusieron un
lindo pollo gordito, y en el otro
el más fiero de sus perros. Sacaron los sacos
afuera y llamaron al zorro. El viejo zorro rojo se
les acercó, saboreando ya la comida, pues tenía
mucha hambre.

Los viejos abrieron un saco, y el pollo salió
revoloteando. El viejo zorro rojo estaba a punto
de atraparla, cuando ellos abrieron el otro saco,
y de un salto salió el perro fiero. El pobre zorro
vio cómo le brillaban los ojos en la oscuridad,
y se asustó tanto que regresó a las profundidades
del bosque sin haber podido comerse su pollo.

—Qué bien la hicimos —dijeron los viejos—.
Tenemos nuestra pequeña niña de nieve, y no
tuvimos que sacrificar nuestro pollo gordito en
el cambio.

Entonces oyeron a la pequeña niña de nieve cantando en la choza. Esta fue su canción:

Veo que los viejecitos
me quieren menos que a un pollito.
Pues entonces yo me voy,
y sólo un adiós les doy.
En el cielo ya me espera
mi madre la verdadera.
Hija de la Nieve soy.

Los viejos volvieron corriendo a casa. Había un charco de agua frente a la estufa, y en él, un sombrero de pieles, un abriguito, y unas botas rojas. Y sin embargo, a los viejos les parecía que estaban viendo a la pequeña niña de nieve, con sus ojos brillantes y su pelo largo, bailando en la habitación.

—¡No te vayas! ¡No te vayas! —suplicaban ellos, y ya casi no podían ver a la niña bailando.

Pero la oían reír, y oyeron su canción:

Veo que los viejecitos
me quieren menos que a un pollito.
Pues entonces me derrito.
Donde mi madre me voy...
Hija de la Nieve soy.

Y en ese momento se abrió la puerta del patio, un viento frío penetró en la habitación, y la Hija de la Nieve desapareció.

—*Tú siempre contabas algo más, Abuelito —dijo Maroosia.*

El viejo Peter se alisó la barba. —No se me ha olvidado —dijo, y siguió contando.

La pequeña niña de nieve saltó a los brazos de don Escarcha, su padre, y de la Señora de la Nieve, su madre, y ellos se la llevaron a las estrellas lejanas del norte, donde ella juega durante todo el verano en las aguas congeladas.

En invierno, ella vuelve a Rusia, y algún día, quizá, cuando ustedes estén haciendo una muñeca de nieve, a lo mejor se encuentran en su lugar a la Hija de la Nieve.

—¡Eso sería maravilloso! —exclamó Maroosia.
Vanya se quedó pensando por un momento, y después dijo:
—Y yo la querría mucho más que a un pollito.

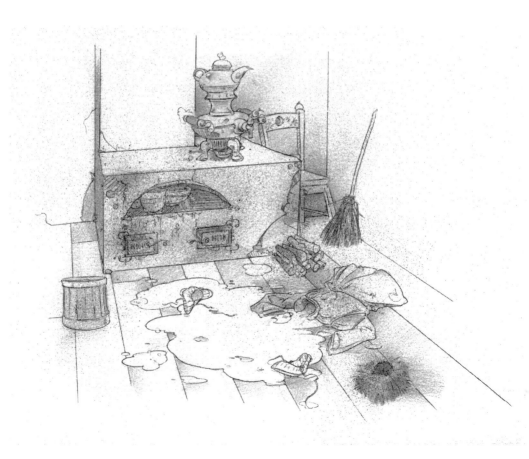

ACKNOWLEDGMENTS

All possible care has been taken to trace ownership and secure permission for each selection in this anthology. The Great Books Foundation wishes to thank the following authors, publishers, and representatives for permission to reprint copyrighted material:

CARLOS Y LA MILPA DE MAÍZ, by Jan Romero Stevens. Translated by Patricia Hinton Davison. Copyright 1995 by Jan Romero Stevens. Reprinted by permission of Northland Publishing.

Ooka y el ladrón honrado, by I. G. Edmonds. Translated by Osvaldo Blanco with permission of the author and his agents, Scott Meredith Literary Agency LP. Translation copyright 1999 by The Great Books Foundation.

La tejedora de sueños, from EL JARDÍN DE LAS SIETE PUERTAS, by Concha Castroviejo. Copyright 1961 by Concha Castroviejo. Reprinted by permission of María Antonia Seijo Castroviejo.

El monstruo que se volvió pequeño, by Joan Grant. Translated by Osvaldo Blanco. Translation copyright 2002 by The Great Books Foundation. Reprinted by permission of A P Watt Ltd. on behalf of Nicola Bennett.

EL NIÑO DE CABEZA, by Juan Felipe Herrera. Copyright 2000 by Juan Felipe Herrera. Reprinted by permission of Children's Book Press.

Maese gato, from CUENTOS COMPLETOS DE CHARLES PERRAULT, by Charles Perrault. Translated by Joëlle Eyheramonno and Emilio Pascual. Copyright 1997 by Grupo Anaya, S.A. Reprinted by permission of Grupo Anaya, S.A.

LOS CAZADORES INVISIBLES, as told by Harriet Rohmer, Octavio Chow, and Morris Vidaure. Translated by Rosalma Zubizarreta and Alma Flor Ada. Copyright 1987 by Harriet Rohmer. Reprinted by permission of Children's Book Press.

Conversar y cantar, Dos pares de ojos, y *Algo así como un silencio,* by Crockett Johnson. Translated by Dolores M. Koch with permission of the Ruth Krauss Estate. Translation copyright 2002 by The Great Books Foundation. Reprinted by permission of the Ruth Krauss Estate.

EL ROBO DE LAS AES, by Gonzalo Canal Ramírez as told by Germán Ramos. Copyright 1983 by Ediciones Ekaré. Reprinted by permission of Ediciones Ekaré.

La hija de la nieve, by Arthur Ransome. Translated by Dolores M. Koch. Translation copyright 2002 by The Great Books Foundation.

ILLUSTRATION CREDITS

Jeanne Arnold's illustrations for *Carlos y la milpa de maíz* are from the book of the same name. Illustrations copyright 1995 by Jeanne Arnold. Reprinted by permission of Northland Publishing.

Leo and Diane Dillon prepared the illustrations for *Ooka y el ladrón honrado*.

Enrique O. Sanchez prepared the illustrations for *La tejedora de sueños*.

Mary Jones prepared the illustrations for *El monstruo que se volvió pequeño*.

René King Moreno prepared the illustrations for *El niño de cabeza*.

George Cruikshank's illustrations for *Maese gato* are from GEORGE CRUIKSHANK'S FAIRY LIBRARY, first published in 1870 by Routledge, Warne, and Routledge. Reproduced courtesy of the Newberry Library.

Leovigildo Martínez prepared the illustrations for *Los cazadores invisibles*.

Ed Young prepared the illustrations for *El león de Elena*.

Peli's illustrations for *El robo de las aes* are from the book of the same name. Illustrations copyright 1983 by Peli. Reprinted by permission of Ediciones Ekaré.

David Johnson prepared the illustrations for *La hija de la nieve*.

Cover art by René King Moreno. Copyright 2002 by René King Moreno.

Text and cover design by Think Design Group.